波平の遺産は、どうなる!?

磯野家の相続［令和版］

長谷川裕雅

PHP文庫

○本表紙図柄＝ロゼッタ・ストーン（大英博物館蔵）
○本表紙デザイン＋紋章＝上田晃郷

文庫版まえがき

◎基礎知識をもとに相続を考える必要性

約40年ぶりの相続法改正により、相続に関心が寄せられているようです。

また、テレビや雑誌で相続問題が特集され、セミナーも多数開催されているからでしょうか、最近の相談者の方は相続についてよく勉強されています。

より複雑で、より専門的で、より予測不可能なご相談が増えました。

相続問題は法改正だけでは解決しきれないほど複雑で、関連法規なども多岐《たき》にわたり、相談者の方が抱える悩み事も専門的です。


しかしだからこそ、相続の基礎知識をわかりやすく伝える書籍の必要性は増しています。

というのも、基本的なことをご存じないまま、難しい問題で悩んでいる方が少なくないからです。

自筆遺言が有効であることを前提に、不動産の評価額や相続税額について相続人の間で1年以上も話し合っていたケース。相談者が持っていた遺言はなんと、全文がパソコンで書かれたものでした（遺言は無効ですから、遺言がないことを前提に遺産分割協議を始めるべきでした）。

自分の頭で相続について考えるには、相続の基礎知識を持っていることが条件になります（英語を深く学ぶには、アルファベットを読めることが条件であるように）。

◎いわゆる相続法だけでは解決しない相続問題

また、相続問題は多岐にわたり、いわゆる相続法（民法の相続法）だけで解決することはできません。

相続税申告はもちろんのこと、遺産分割でも相続税法や所得税法が関係します。

遺産分割では各相続人が相続税を計算し、納税後の手取り額を確認しながら協議をします。

現物分割や代償《だいしょう》分割、換価《かんか》分割といった遺産分割方法の違いによって相続税額は異なります。

遺産分割で不動産売却があれば、譲渡所得税も支払うことになるでしょう（売却不動産の選択や価格、時期の判断には不動産実務の知識も必須です）。

事業承継では会社法や法人税法、所得税法の知識が求められ、国際相続では語学力まで必要になります。

私たち相続業務のプロにとっても、相続分野の勉強に終わりはないのです。

◎相続法改正で相続問題は解決したか

今回の相続法の改正ポイントは巻末で解説していますが、実は、相続法改正により解決できるのは、相続問題のごく一部でしかありません。

これまでも、現行法で解決できない相続問題は、法改正ではなく、判例によって解決されてきました。

たとえば、非嫡出子《ひちゃくしゅっし》の相続分を嫡出子と同等と認めた最高裁判例や、銀行預金を遺産分割の対象とした最高裁判例など、重要な相続問題は判例が解決してきたのです。

次の40年を待つまでもなく、相続実務の問題は適時、判例によって手当てされていくでしょう。判例は裁判実務ですから、実務の現場こそが、相続問題を解決しています。

そして現場では新たな問題も日々、生まれています。

相続問題は永遠に複雑で、問題も多く、未解決のことだらけなのです。

だからこそ、皆さんには、まずは相続の基礎をしっかりと理解していただければと思います。

本書は、2010年に発刊された『磯野家の相続』を、法改正に合わせてリニユーアルした［令和版］です。

刊行以来10年余りが経《た》ちますが、初版は幸い多くの方々に手に取っていただいたようです。

また、資格試験の入門テキストとして、士業事務所スタッフの研修テキストとして、銀行や区役所（住民戸籍課）の常備テキストとして、様々な場面で活用されていると聞きます。大変ありがたく、身に余る光栄です。

法改正後の令和新時代に、文庫版を出版する機会をいただきました。

片手に収まるかわいいサイズに、「親しみやすく」「読みやすく」を詰めこみました。

今回も、多くの方に読まれることを願っています。

コロナ禍で外出自粛ムードが続く初秋に

弁護士・税理士　長谷川裕雅

はじめに

◎相続問題は、〝もめる〟が大前提です

どんなに幸せな家族でも、遺産相続の問題では必ずもめる——。

おおげさに聞こえるかもしれませんが、決して誇張しているわけではありません。この問題、他人事《ひとごと》ではありません。

遺産相続、遺産分割の問題は〝もめる〟と考えるのが大前提なのです。

本書のスタートから厳しいことを述べていますね。ただし「家族を疑いなさい」と言っているわけではありませんので、その点は誤解しないでください。なかには、トラブルがいっさい起きず、スムーズに相続問題が解決されるケースもあります。

一方で**「ウチの家族は大丈夫！」「もめるほどの財産がないから」……。こうした楽観的な考えが、数多くの悲劇を生んでいるのも事実**です。

もめるか、もめないかは、亡くなったあとにしかわかりません。だからといって、ほったらかしにするのはやめましょう。迷惑を被《こうむ》るのは、残す人ではなく、残される人たちです。もめることを前提にして、生前にしっかりとした対策を練っておけば、家族同士の争いを避けることができます。

はっきり申し上げると、**亡くなったあとでは遅すぎる**のです。

死ぬ前に、むしろ元気な今こそ、遺産相続の問題と真剣に向き合っていただきたいと思います。相続財産を残す側と残される側、親世代と子供世代の双方が、じっくりと話し合える場を持てれば理想的ですね。

◎磯野家は、日本の〝幸せな家族〟の象徴です！

ひと昔前と比べても、相続問題は非常に身近な問題になっています。実際、私の弁護士事務所でも、**遺産問題、遺産分割に関する相談が増加の一途**をたどっています。

しかし、相続の基礎知識、遺産分割の手法などをわかりやすく説明するのは意外に難しいのが実情です。できるだけわかりやすく説明する努力はしているのですが、数多くの専門用語が出てきますし、家族構成などによってモデル例も多岐《たき》にわたります。

相談者の方も、話を聞いただけではわかったような、わからないような……。

どうにかわかりやすく伝える方法はないものか、と思い悩んでいたときに、磯野家の登場人物を例に挙げて説明したことがありました。

「『代襲《だいしゅう》相続』というのは、波平から直接タラちゃんが相続することです」

「もしもカツオが悪い大人になっていたら、波平は遺言で彼に相続権を与えないことを書き記せばいいのです」

単に磯野家の登場人物を使ってお話をしただけなのですが、ことのほかわかりやすいと好評でした。

それ以来、たとえ話に磯野家の登場人物を使っているのですが、みなさん口々に理解しやすいとおっしゃいます。

『サザエさん』がいつの時代にも、多くの人から愛される理由は、漫画の読者やテレビの視聴者のみなさんが、磯野家に幸せな家族の姿を重ね合わせているからではないでしょうか。

磯野家は、日本の〝幸せな家族〟の象徴なのです！

相続の話に戻ると『サザエさん』は核家族化が進んだ社会のなかにあって、三世代が同居する珍しい家族です。波平とノリスケのように、おじと甥《おい》の関係にある親戚も登場します。相続の一般的な説明に欠かせない親族関係にある登場人物も多く、この意味でも相続の基礎知識を説明するのに「磯野家」の家族構成はとても良い教材なのです。

もちろん、原作の『サザエさん』の世界と、本書の内容にはいかなる関係もありません。

昔から慣れ親しんだ『サザエさん』に敬意を表しながら、その登場人物にモデルとなってもらい、複雑な相続問題をみなさんに理解していただきたい——。

これが、本書の執筆動機です。

◎相続問題は、単なる〝お金の問題〟だけではありません

日々、相続問題と関《かか》わっていくなかで、新たな発見がありました。とてもうれしい発見です。遺産相続、遺産分割について考えることが、毎日の生活をより良く生きるエネルギーに変わると、数多くの方々が口にされるのです。

「遺産相続の問題を考えることで、いかに自分が大切な人たちに囲まれ、幸せな人生を送ってきたのかが実感できました！」

「お金の問題ということで避けていたが、思い切って家族と話し合ってみて良かった！　心配していたのとは逆に、家族同士の絆《きずな》が深まりました」

こうした感想が私のもとに寄せられています。自分自身も気づかなかった点が多々ありました。あらためて、相続について考える大切さを実感しています。

それでは、これから『磯野家の相続』がはじまります。

第1章から第4章までは、遺産相続に関する基礎知識、遺産分割などについて、磯野家をモデルにしたシミュレーション講義をしています。

波平の遺産はどうなるのか、サザエやカツオ、はたまたタマにいたるまで、磯野家の登場人物が遺産相続とどのように関わっていくのか、数多くの事例を紹介しつつ相続問題を解説していきます。「遺留分《いりゅうぶん》」「代襲相続」「特別受益《とくべつじゅえき》」など、専門用語をはじめて耳にする方でも、登場人物の姿を思い浮かべることで、格段に理解しやすくなるはずです。

第5章以降は、家族を守る「遺言書」について紙面を割《さ》きました。ひと言で「遺言書」といっても、様々な方式があります。家族を思いやった文面の書き方や、どのように遺言書を作成すれば良いのか、わかりやすく解説しています。

相続人の間で無用な争いを引き起こさない決め手、それが遺言書の作成です！

「誰に」「何を」「どれだけ相続させたいのか」を、一度じっくりと考えてみてください。自分の財産、そして意思を整理するのに、またとない機会となるはずです。

本書が、難解な相続を理解する一助になり、相続に関わるすべての人たちが、より良く生きるきっかけとなれば、これに勝る喜びはありません。

磯野家の相続【令和版】目次

第2章 こんな人たちも遺産はもらえるの？ズバリ解説！

第3章 どうなる？ 相続承継をめぐる5つの疑問

第4章 最後の〝ヤマ場〟遺産分割の話し合い

第5章

家族を守る「遺言書」を今すぐ準備しよう

第6章

ここに注意！「遺言」の書き方&決まり事

3 「公正証書遺言」の作成時に準備するものと注意点 248

4 「遺言執行者」には、どんな権限や義務があるの? 260

第1章

これだけは絶対に押さえる！
相続の基礎知識

☆第1章のキーワードは「知識」です！

ごくありふれた家族の生活風景をありのままに描写した漫画『サザエさん』。磯野家の人々を中心に展開されるストーリーは、老若男女《ろうにゃくなんにょ》を問わず、今なお多くの人々から愛され続けています。日本の幸せな家族を象徴する磯野家。ですが、そんな円満な家族ですらも「相続」という大事件に直面したら、果たしてどんな状況になるのか……。あれだけ仲が良かったサザエ、カツオ、ワカメの三きょうだいが、波平の遺産をめぐって絶縁状態になってしまった。フネを残して亡くなった波平に、じつは密《ひそ》かに内縁状態の女性がおり、遺産分割の話し合いに突然絡《から》んできた。遺言書の内容が「ペットのタマに全額相続させる」といった予想だにしないものだった――などなど。

あの磯野家ですら、もめるかもしれない「相続」問題。しかし、その中身は非常に複雑で、すべてを把握するのは困難です。

そこで本章は「これだけは必ず知っておいてほしい知識」に絞《しぼ》り、みなさんがイメージしやすい磯野家のメンバーを登場人物として解説していきます。

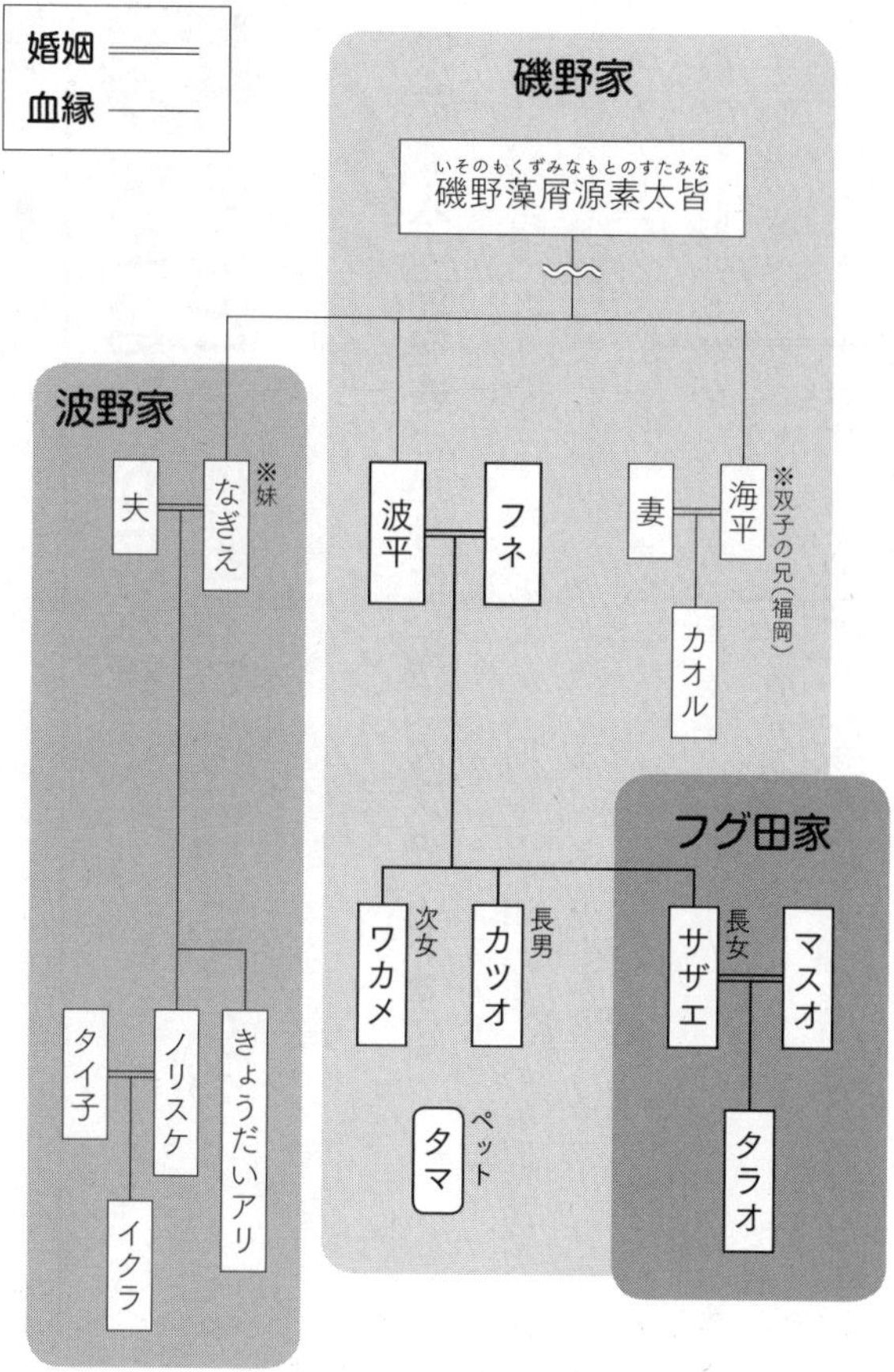
婚姻
血縁
磯野家
磯野藻屑源素太皆《いそのもくずみなもとのすたみな》
波野家
夫
なぎえ
※妹
波平
フネ
妻
海平
※双子の兄（福岡）
カオル
フグ田家
ワカメ
次女
カツオ
長男
サザエ
長女
マスオ
タラオ
タイ子
ノリスケ
きょうだいアリ
イクラ
タマ
ペット

難解度　★☆☆☆☆

1 波平、安らかに永眠――。そのとき、磯野家では何が起こる？

ある人の死をきっかけに、相続はスタートする

悲しい事実ではありますが、どんな人間にも必ず〝死〟の瞬間は訪れます。それは病気や事故による突然のものもありますし、天寿《てんじゅ》を全《まっと》うする大往生《だいおうじょう》もあります。いずれにしても〝死〟とは、逃《のが》れることができない運命なのです。

磯野家も例外ではなく、一家の大黒柱である波平が、いつなんどき〝死〟を迎えるかは、誰にもわかりません。これからお話しする「相続」とは、この〝死〟の瞬間を迎えた人と家族や身内の関係に多大なる影響をおよぼす出来事です。

「ある人の死亡などをきっかけに、その人が所有していた財産や権利、法的地位などを家族などの特定の人がすべて受け継ぐこと」――。

相続の概念は、このような内容になっています。「母が亡くなって、数日経《た》っているが、まだ相続がはじまっていない」といった相談をよく受けるのですが、大きな勘違《かんちが》い！

相続は、被相続人《ひそうぞくにん》に該当《がいとう》する人が死亡したのと同時に、自動的にスタートします。そのあとに行う細かい手続きや必要な書類の届け出などは、相続という大きな枠組みに含まれる一連の作業でしかありません。

なお、死亡して財産等を相続される人を**「被相続人《ひそうぞくにん》」**、残された財産などを相続する人を**「相続人《そうぞくにん》」**と呼びます。波平が亡くなった場合、**「被相続人＝波平」「相続人＝妻のフネと子供のサザエ、カツオ、ワカメの4人」**となるわけですね。

「マスオさんやタラちゃんは、相続人にはなれないの？」

状況によっては、なり得る可能性もありますが、それは後述することにして、まずは相続の全体像をざっくり学んでください。

「死亡とみなされた」場合も同じ扱いに……

原則として、被相続人の死亡が認定された瞬間から自動的に相続はスタートしますが、**死亡ではなく「死亡とみなされた」場合も同じ扱い**になります。

それが**「失踪宣告《しっそうせんこく》」**の確定です。

たとえば、波平が何らかの事情で蒸発もしくは一人旅に出掛けたまま行方不明になり、7年以上も生死がわからない、などといった状態が続くと、残された家族などは波平の財産をどう処分すればいいのか、困り果てるはずです。

こうした長期間にわたる失踪状態を**「普通失踪《ふつうしっそう》」**といいます。

また、戦地に臨んだ、もしくは乗っていた船が沈没した場合や、地震や洪水、雪崩《なだれ》などといった災害に遭遇した場合で、危難が去ったあと1年以上生死が確認できないときも同様です。これを「普通失踪」と区別して**「危機失踪《ききしっそう》」**といいます。

いずれのケースも、家庭裁判所が失踪を認め、失踪宣告が確定されると「その人は死亡したもの」とみなされ、この時点で相続が開始します。

大まかな手続きの流れは、配偶者や利害関係のある人が、失踪者の住所地を管轄する家庭裁判所に失踪宣告の申立書と必要書類を添付して申し立て、審判が確定されたら10日以内に市区町村役場へ失踪の届出をします。これで法律上は、死亡と同じ扱いになるわけです。

なお、失踪宣告が確定されたあとに生存が確認された場合は、取り消しを家庭裁判所に求めることができます。この場合、原則的には、相続はやり直しとなることも覚えておいてください。

難解度　★★☆☆☆

2 誰が、波平の遺産を受け継ぐ？　未亡人のフネ、頭を悩ます……

最優先で相続人になれるのは「配偶者」と「子供」

相続が開始した際、

「誰が、相続人になるのか」

「相続人のなかで、誰が、どの程度の優先権を持つのか」

すごく気になりますよね。これらに関しては、民法で規定されていますが、法律を羅列《られつ》してもわかりにくいので、少しかみ砕《くだ》いて話を進めていきましょう。


民法では相続人の範囲を規定しており、この範囲に該当する相続人を**「法定相《ほうていそう》**

続人《ぞくにん》」といいます。これは配偶者《はいぐうしゃ》相続人と血族《けつぞく》相続人の2つに分類することができ、ざっくり説明すると以下のとおりです。

配偶者相続人とは、被相続人の妻または夫を指し、どんな場合でも相続人になる権利があります。仮に相続開始時に被相続人の配偶者であれば、相続開始後に別の人と再婚しても相続権を失うことはありません。もっとも相続開始前の段階で、離婚している場合には、相続権がないので注意！　あくまでも法律上の婚姻関係にある配偶者に限られるので、内縁関係の夫や妻、愛人も相続人にはなれません。

磯野家でいえば、**フネは波平の配偶者なので、必ず相続人になれる**わけです。

一方、血族相続人とは、被相続人の子供（※実子か養子かは問わない）、孫、ひ孫といった**「直系卑属《ちょっけいひぞく》」**や、父母もしくは祖父母の**「直系尊属《ちょっけいそんぞく》」**、および兄弟姉妹を指します。

サザエやカツオ、ワカメはこちらに該当するわけですね。孫のタラちゃんも同様ですが、話の内容がちょっと複雑になるので、とりあえずここでは考えないでください。

なお、血族相続人には優先順位があり、

【第1順位】→被相続人の「直系卑属」……①子供→②孫→③ひ孫
【第2順位】→被相続人の「直系尊属」……①父母→②祖父母→③曾《そう》祖父母
【第3順位】→被相続人の「兄弟姉妹」……①兄弟姉妹→②甥《おい》・姪《めい》

となっています。ただし、父母や兄弟姉妹などに関しては、相続開始時に生存している人の組み合わせで、相続人になるかどうかが変わるため、注意しなくてはいけません。

以上を踏まえると、**優先的に相続人になれるのは、被相続人の配偶者と子供**といえます。つまり、妻のフネと3人の子供のサザエ、カツオ、ワカメが相続人の優先権を得るわけですね（次ページの図も参照）。

ところで、磯野家の家系図（31ページ）を見ると、波平には双子《ふたご》の兄・海平《うみへい》と

法定相続人はどの順位で相続するのか？

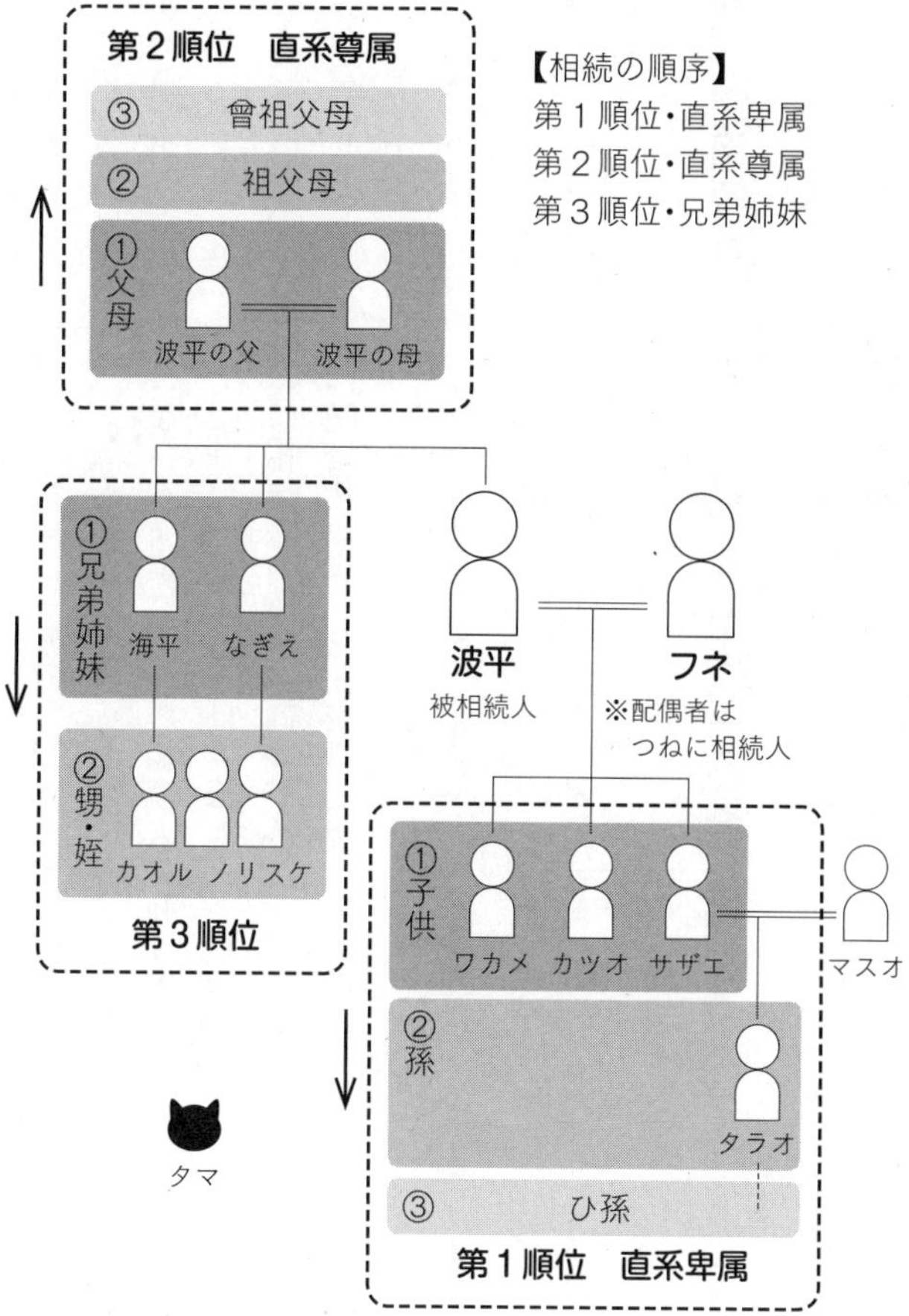

妹・なぎえがいるのがわかります（波平が双子だったとは驚きでしたが……）。

彼らが相続人になるのは、いかなる場合なのか、ちょっと説明しておきましょう。兄弟姉妹が法定相続人になれる順位は、血族相続人の範囲内において第3順位だったことを思い出してください。ひと昔前は、ほとんどの家庭に子供や孫がたくさんいたので、兄弟姉妹に相続人の権利が回ってくるケースは多くはありませんでした。しかし、近年は晩婚化や少子化が影響して、兄弟姉妹が相続人になるケースが増えています。

ちなみに、波平の兄・海平や妹・なぎえが相続人になるのは、直系卑属（子供・孫など）や直系尊属（父母など）がいない場合、またはいたとしても権利や資格を失っている場合などです（43ページの下図も参照）。

「法定相続分」は、組み合わせによって割合が異なる

相続人の範囲が民法で規定されているのと同様に、受け継ぐ相続財産の割合（相続分）に関しても民法で定められています。これが**「法定相続分《ほうていそうぞくぶん》」**です。法

定相続分は、相続人の組み合わせによって異なりますが、基本的な3つのパターンを44ページの図とともに紹介しておきましょう。

①配偶者と子供が相続人になる場合

それぞれの相続分は2分の1ずつ。子供が複数いる場合は、相続分の2分の1を均等に分けることになります。仮に配偶者が死亡していれば、子供がすべての相続分を受け継ぐことになります。

②配偶者と父母もしくは祖父母が相続人になる場合

配偶者が3分の2で、父母や祖父母（直系尊属）が3分の1。直系尊属が複数いる場合は、相続分の3分の1を均等分割します。

③配偶者と兄弟姉妹が相続人になる場合

配偶者が4分の3で、兄弟姉妹が4分の1。ただし、兄弟姉妹のなかに半血《はんけつ》兄弟姉妹がいる場合は、半血兄弟姉妹の相続分は全血《ぜんけつ》兄弟姉妹の2分の1です。

相続人になれる人は法律で決められている

被相続人に配偶者と子供がいる場合

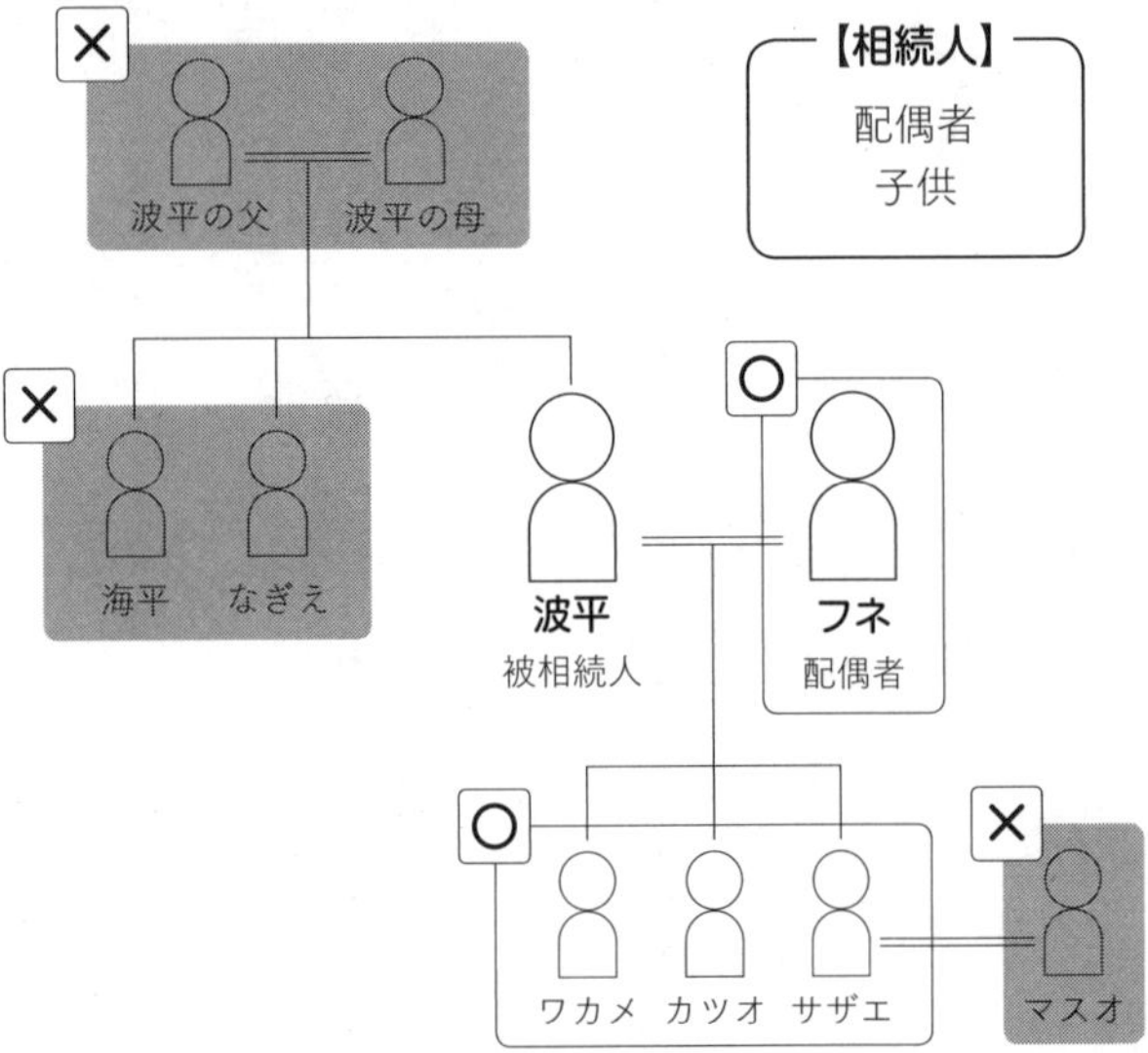

被相続人に配偶者と直系尊属はいるが、子供はいない場合

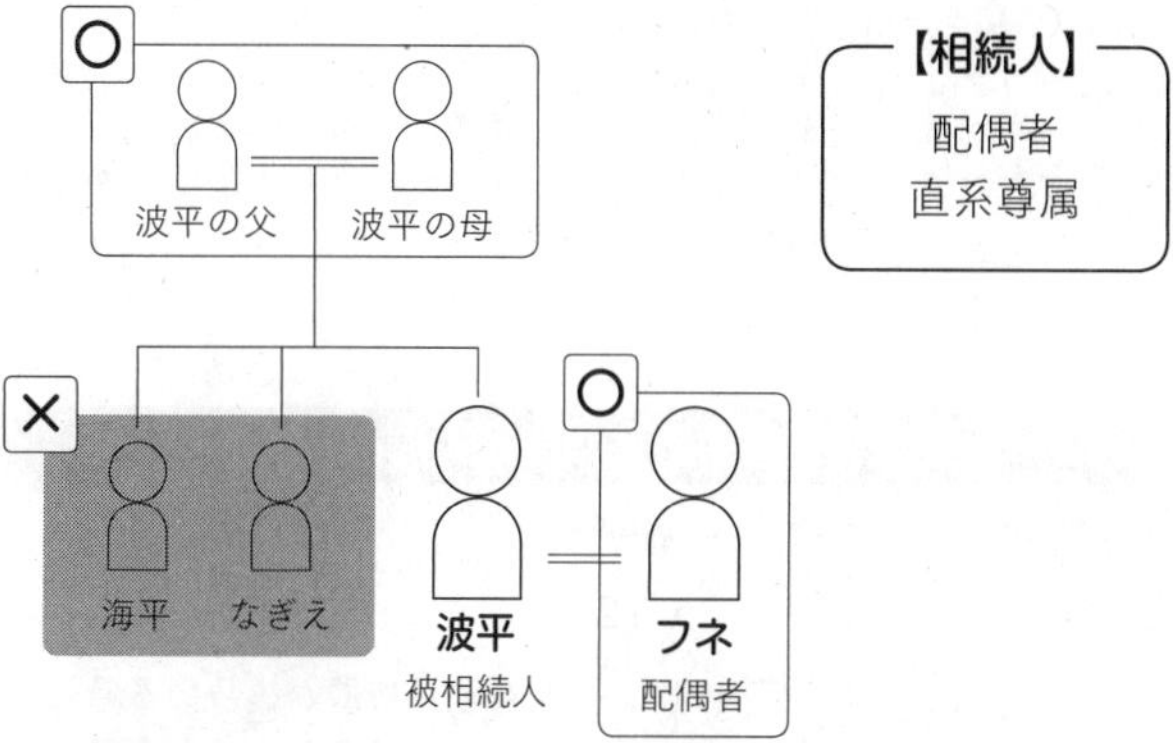

被相続人に配偶者はいるが、子供も直系尊属もいない場合

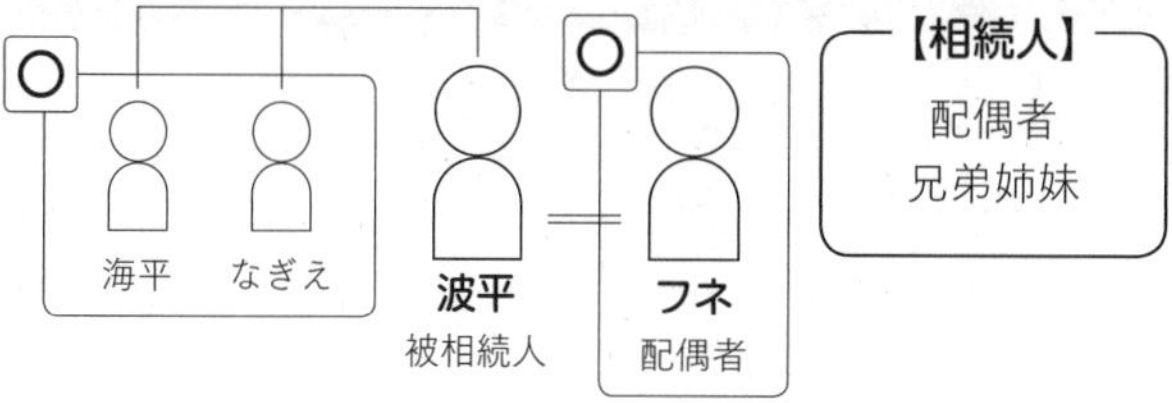

※いずれも代襲《だいしゅう》相続（46ページ参照）がない場合で考えています

気になる！ 法定相続分の割合

配偶者と子供が相続人になる場合

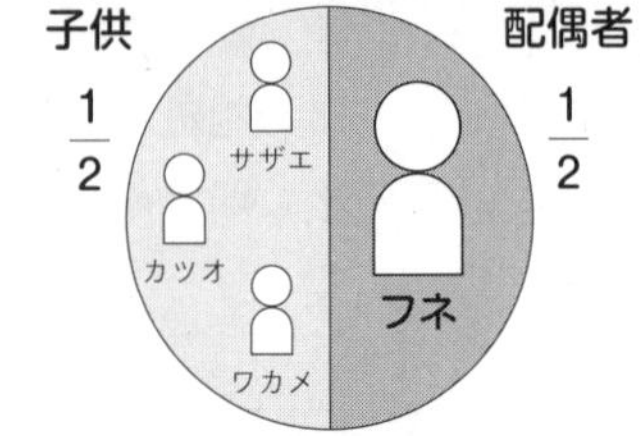

●子供が複数いる場合
⇨相続分2分の1を均等分割

配偶者と直系尊属が相続人になる場合

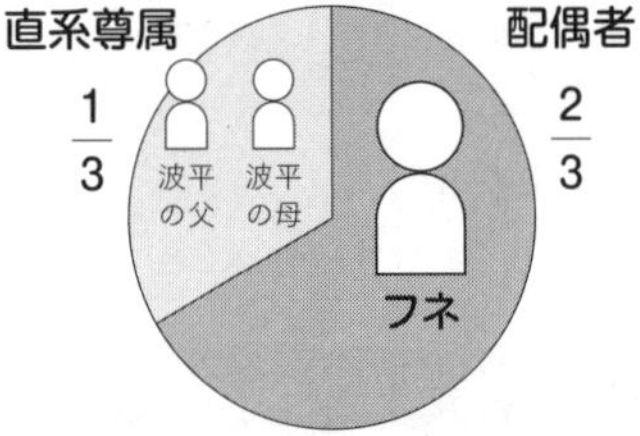

●直系尊属が複数いる場合
⇨相続分3分の1を均等分割

配偶者と兄弟姉妹が相続人になる場合

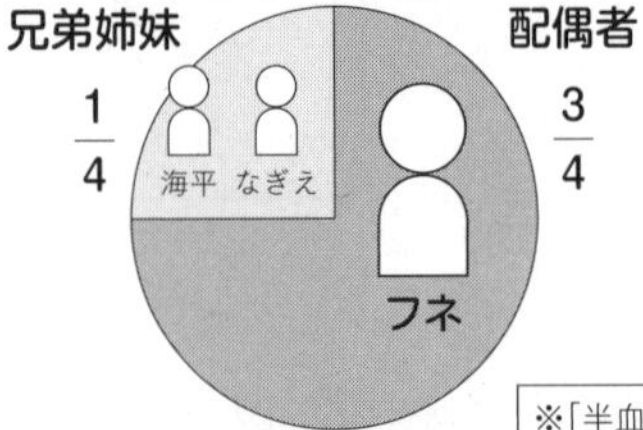

●兄弟姉妹が複数いる場合
⇨相続分4分の1を均等分割

※半血兄弟姉妹がいる場合は
全血兄弟姉妹の2分の1

※「半血兄弟姉妹」……父母の一方だけを同じくする、いわゆる異父（異母）兄弟姉妹

このように配偶者の法定相続分は他の法定相続人よりも大きいのですが、相続においても配偶者には特別な配慮がなされています。

配偶者については、相続開始の時に相続財産である建物に居住していた場合、遺産分割が終了するまでの間、無償でその居住建物を使用できます。

また、2018年7月の相続法改正によって、配偶者が居住する建物は、終身または一定期間、使用を認める居住権（配偶者居住権）を、遺産分割で取得することができるようになりました（巻末「改正ポイント」参照）。

これにより、遺産分割の結果、建物の所有権は配偶者が持たないものの、居住する権利を持つことで、継続して終身、住み続けることも可能です。

配偶者は、相続税の申告においても優遇されています。

配偶者が遺産分割や遺贈により実際に取得した正味の遺産額が、次の金額のどちらか多い金額までは配偶者に相続税はかかりません。

(1) 1億6千万円
(2) 配偶者の法定相続分相当額

難解度　★★☆☆☆

3 もしも、サザエが波平よりも先に……。タラちゃん「代襲相続」をする

相続人の死亡などにより、孫が飛び越えて遺産を受け継ぐ制度

ときとして思いがけない事故や重い病気が原因で、親よりも子供が先に亡くなってしまうことがあります。このような場合の相続について説明しましょう。

マスオとタラちゃんの面倒や、年老いた波平、フネの看病を親身に行うあまり、サザエがある日突然過労死してしまったとします。彼女は、被相続人の波平の遺産を受け継ぐ立場（法定相続人）でしたが、波平よりも先に亡くなったので、6分の1の相続分を受け継ぐことができません。この相続分の行方は？

こんな場合は代襲相続が行われる

被相続人の子供がすでに死亡している場合

例：被相続人である波平の死亡より前に、被相続人の子供であるサザエが死亡

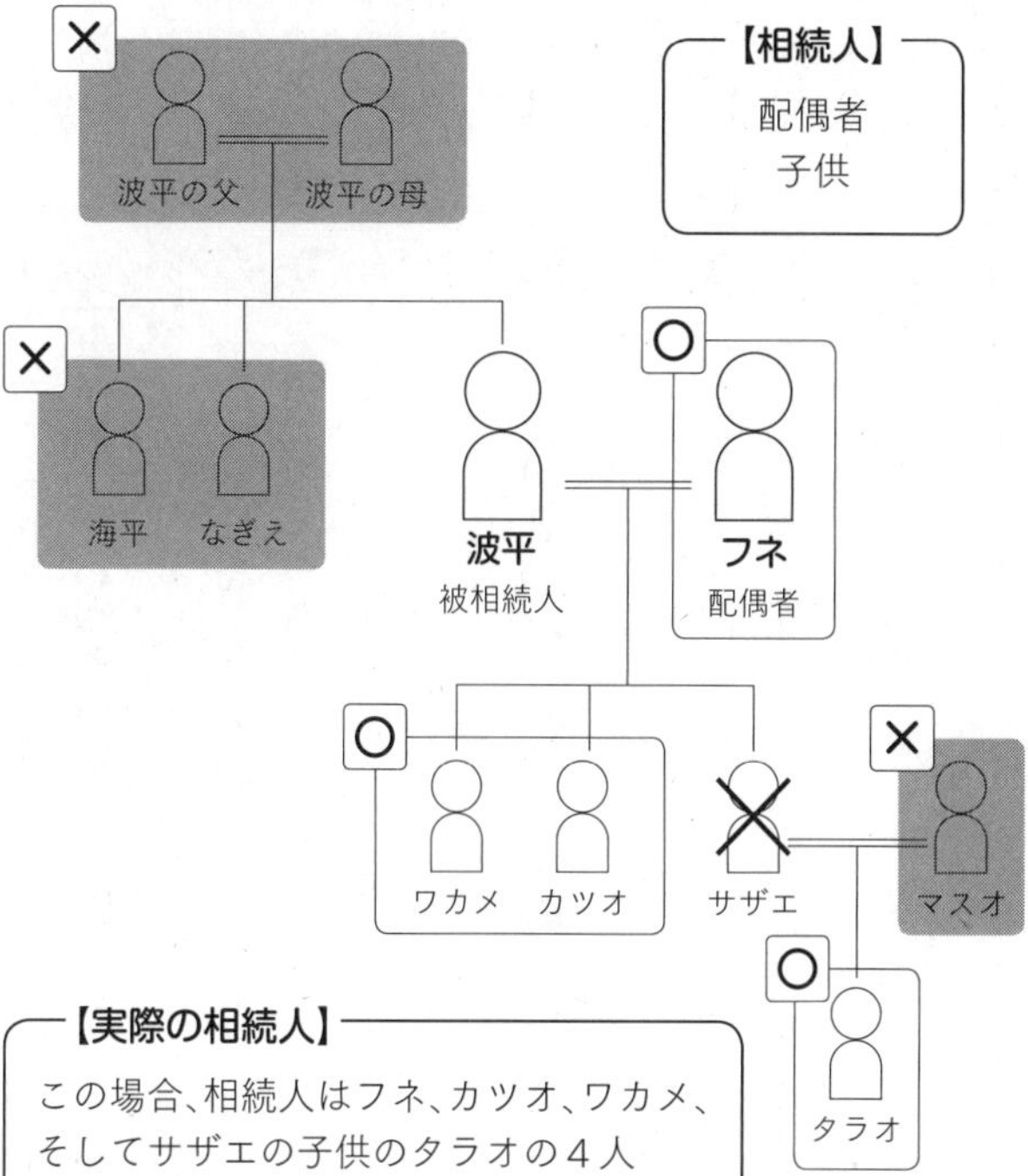

【実際の相続人】

この場合、相続人はフネ、カツオ、ワカメ、そしてサザエの子供のタラオの４人

被相続人の死亡前に相続人がすでに死亡や相続廃除《そうぞくはいじょ》・相続欠格《そうぞくけっかく》によって相続人ではなくなっている場合は、その**子供が親に代わって相続する**ことになっています（※相続放棄による権利失効の場合は認められない）。被相続人から見ると孫にあたる立場の人が相続をするわけです。これを**「代襲相続《だいしゅうそうぞく》」**といいます。

サザエの子供で、波平の孫……。つまり、タラちゃんが、本来サザエが相続するはずであった波平の財産の6分の1を代襲相続することになります。

親族間が疎遠で事情を把握していないと、思わぬ事態を招く

代襲相続は、直系卑属の場合のみ、何代でも代襲することが認められています。逆に**直系尊属では代襲相続は起こりません。**また兄弟姉妹が亡くなっている場合は、甥や姪が代襲相続しますが、甥や姪も亡くなっている場合は、再代襲は認められません。

これは「あまりにも縁遠い人間に相続させないため」だといわれています。被相続人の子供に認められる代襲相続とは扱いが異なるため、注意してください。

たとえば、波平と妹のなぎえの仲が悪く、これが原因でなぎえの子供であるノリスケとサザエたち三きょうだいも音信不通だったとしましょう。そんななか、波平が多額の借金を抱えて死亡したとします。相続人であるフネ、サザエ、カツオ、ワカメが借金を負いたくないと考えて全員が相続放棄した場合、波平の父母が相続人となります。

ただ、波平の父母はすでに亡くなっているはずですから、波平の兄弟姉妹が相続人になることでしょう（※タラちゃんはサザエが相続放棄したことで代襲相続する権利はない）。

この場合、波平より先に妹のなぎえが死亡していると、ノリスケが波平の相続財産を代襲相続することになります。磯野家と疎遠《そえん》になっていて波平に多額の借金があることなど知らないノリスケが、訳もわからず相続を単純承認した場合、波平の借金はノリスケが負うことになるのです。

あくまでも注意すべき一例ですが、**親族間が疎遠で被相続人の事情を知らずに代襲相続をすると、思いも寄らない事態に巻き込まれる可能性も十分にあり得ます。**

難解度　★★☆☆☆

4 波平に、まさかの借金発覚！どうする？　磯野家

相続するのは「プラス財産」ばかりとは限らない

ところで、みなさんのなかに、相続で受け継ぐ財産は現金や預貯金、不動産などといったプラス財産だけだと考えている人はいませんか？　危険ですよ！

相続財産には借金や買掛金《かいかけきん》、未払いの税金、被相続人の医療費や入院費、住宅ローンなどの「債務《さいむ》」も含まれています。これらのマイナスの財産も当然、相続人は受け継ぐことになります（次ページの図参照）。プラスの財産だけしっかりもらって、マイナスの財産は知らんぷり、なんて虫のいいことは認められていません。

相続の対象となる遺産の区分

プラス財産

土地、畑、山林
などの不動産

家、建物

自動車

株式などの
有価証券

¥10000

現金、預貯金
などの金銭

借地権・借家権・機械・家具・什器《じゅうき》備品・書画・骨董《こっとう》・貴金属・
衣服・ゴルフ会員権　など

＋

マイナス財産

・借金、買掛金などの債務や保証債務
・家賃の滞納、未払いの税金
・友人などの連帯債務や連帯保証　など

↓

相続財産となる

もちろん、財産を相続するか否《いな》かは相続人の自由です。しかし、被相続人に借金があることがわかっていながら何も法的手続きを取らず、3カ月が過ぎてしまうと、「すべての財産を受け継ぐ意思がある」と判断されてしまいます。

たとえば、波平に生前抱えた借金があったことが発覚したにもかかわらず、フネやサザエたちがそのままにしていた場合、**3カ月後には借金も含めた財産を自動的に受け継いでしまうことになる**のです。これを**「単純承認《たんじゅんしょうにん》」**といいます。

「でも、お父さん（波平）にどれくらいの借金があったのかがわからない……」

この場合は、波平の**プラス財産の範囲内で借金を払い、結果的に財産が残ったら相続する方法**があります。これが**「限定承認《げんていしょうにん》」**です。

ただ、この方法は、フネ、サザエ、カツオ、ワカメの相続人全員で行う必要があり、1人でも反対すると手続きができません。また、財産目録も作成しなくてはならないなど非常に手続きなどが複雑なので、あまり利用されていないのが実情ですね。

「いくらお父さんのものでも、多額の借金を背負うのは、ゴメンだね」

デッドラインは「3カ月」と心する！

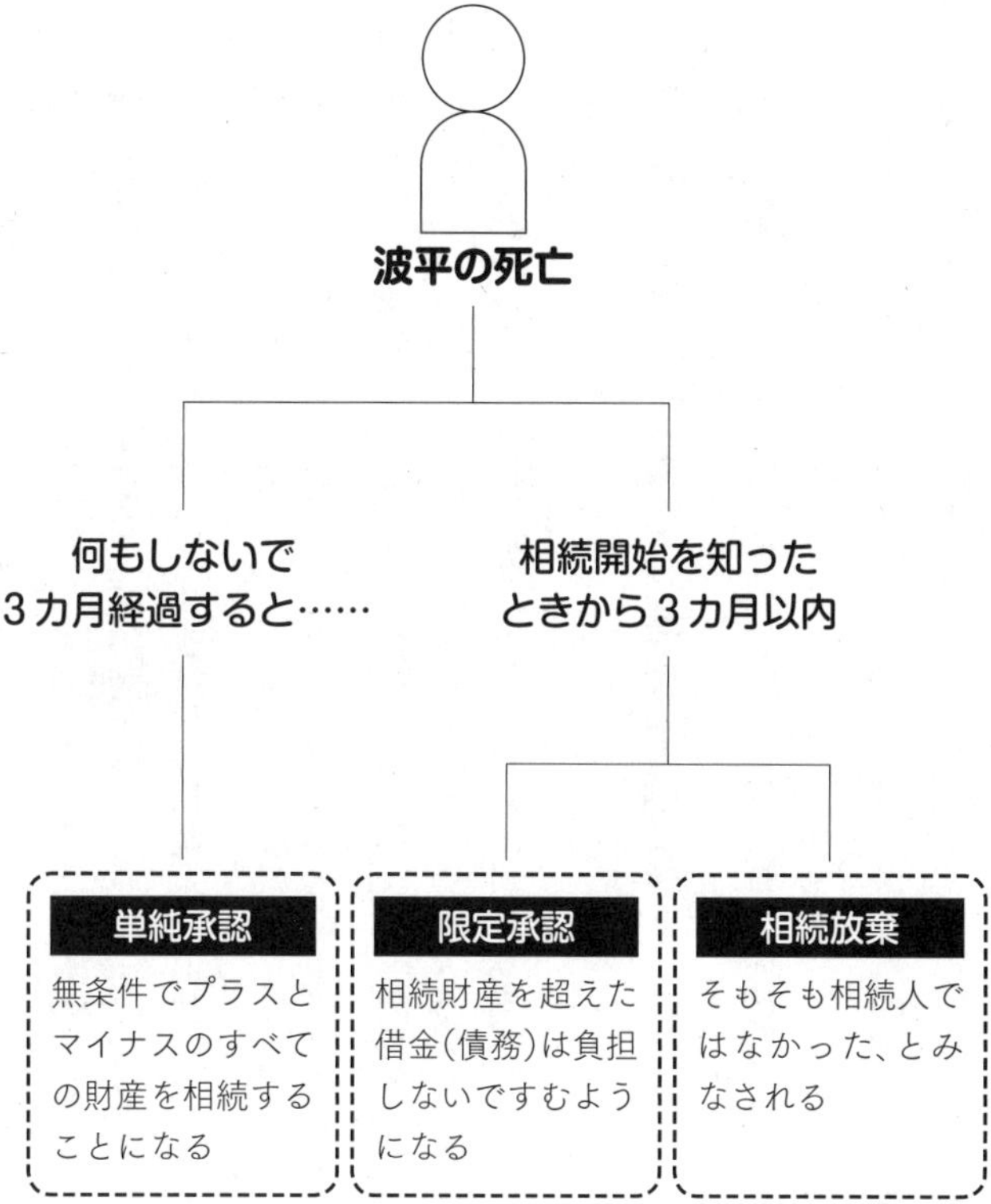
波平の死亡
何もしないで
3カ月経過すると……
相続開始を知った
ときから3カ月以内
単純承認
無条件でプラスとマイナスのすべての財産を相続することになる
限定承認
相続財産を超えた借金(債務)は負担しないですむようになる
相続放棄
そもそも相続人ではなかった、とみなされる

カツオがいっさいの相続をしたくないと言い出したとしたら……。カツオが選ぶ方法は、**無条件に相続を放棄する「相続放棄《そうぞくほうき》」**となります。「最初から父さんの財産を相続する意思はなかった」と判断され、相続人の権利も失うことになるわけです。

また、カツオが相続放棄したことで、残りのサザエとワカメの相続分が変わってきます。仮に波平の相続財産が3000万円だとすると、本来の分配は、フネが1500万円、サザエ、カツオ、ワカメに各500万円ですが、カツオが離脱したことで、サザエとワカメの相続分が各750万円になります。

3カ月以内に方針を決めて、必要な手続きを！

前述した3つの選択肢のうち、「単純承認」には、特別な法的手続きは必要ありません。

一方、「限定承認」「相続放棄」に関しては、相続人が**相続開始を知ったときから3カ月以内**に家庭裁判所に申述《しんじゅつ》する必要があります。この期限内に行わなければば、無条件で「単純承認」をしたことになってしまうので、注意してください。**相続が開始してからの3カ月間は、①「単純承認」、②「限定承認」、③「相続放棄」の3つの選択肢からどれを選ぶのかをじっくり考えて決めなければいけない熟慮《じゅくりょ》期間**だといえるでしょう。

なお、注意すべきことがもう1つ。「相続放棄」や「限定承認」の前後に、相続財産の全部または一部を勝手に売却したり、どこかに隠したりした場合は、**「法定単純承認《ほうていたんじゅんしょうにん》」**とみなされて「単純承認」をしたことになってしまいます。つまり、2つの選択肢が問答無用に消滅してしまうのです。

くれぐれも、手続きなどが完了するまで、財産には手を付けないことが肝要《かんよう》です。

難解度　★★☆☆☆

5 「どうして、ボクだけが……」カツオ、相続権を奪われる！

必ずしも法定相続人が相続人になれるわけではない

法定相続人の権利を持つ立場にあっても、その権利を行使できないどころか、奪われてしまう場合があります。**「相続欠格《そうぞくけつかく》」**や**「相続廃除《そうぞくはいじょ》」**に該当した場合です。

54ページで説明した「相続放棄」が、自らの意思で相続人の立場から離脱するのに対して、この2つは「相続人にふさわしくない」と判断されて、その立場を奪われてしまうものです。いずれの場合も、相続はもちろん、被相続人が遺言によって財産を無条件で相続人以外に譲渡する**「遺贈《いぞう》」**も受けられません。

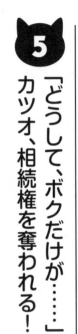

※「遺贈」……故人の財産を受け継ぐ点は相続と同じ。ただし「遺贈」の場合は、遺言書によって法律上相続権がない人に対しても財産を譲ることができる。

では、どんな場合に「相続欠格」「相続廃除」になるのかを説明します。まず「相続欠格」に該当する欠格事由ですが、民法では以下のケースを挙げています。

◎故意に被相続人や先順位や同順位の相続人を死亡させたり、死亡させようとしたりしたことを原因として刑に処せられた者
◎被相続人が殺されたことを知りながら告訴告発をしなかった者
◎詐欺《さぎ》・強迫によって被相続人が相続に関する遺言をしたことを取り消し変更することを妨げた者
◎詐欺・強迫によって被相続人に相続に関する遺言をさせるなどした者
◎被相続人の遺言を偽造・変造・破棄・隠匿《いんとく》した者

簡潔にいえば、相続人自身が、被相続人である親を殺した、遺言書を勝手に偽造した、などといった罪を犯した場合に「相続欠格」となるわけです。

親の想いを理解しない子供への厳しい法的手段

カツオは波平に怒られてばかりいますが、波平がカツオを心底愛しているからこそ、しつけの意味も込めて厳しく接しているはずです。カツオ自身も、そんな親の想いがわかっているからこそ、受け入れているのでしょう。

ところが、世の中には、平気で親に暴力を振るうといった非行を繰り返す子供もいます。そうした場合、いくら親であっても「この子には相続させたくない」と考えるかもしれません。この**被相続人の想いを法的に有効にする方法が「相続廃除」**です。

廃除事由は「被相続人に対し、虐待《ぎゃくたい》、侮辱《ぶじょく》または著《いちじる》しい非行があり家庭裁判所が申し立てを認めた場合」と、民法に記されています。

「相続欠格」が明らかな犯罪行為を原因として、相続人の権利を奪うものであるのに対し、「相続廃除」は被相続人の意思に基づいて権利を失効させるものです。

廃除の手続きには、2通りあります。1つは、被相続人が生前に家庭裁判所に申し立てる方法です。もう1つは、遺言で意思表示をして、相続開始後に遺言執《いごんしっ》行者《こうしゃ》（第6章参照）が家庭裁判所に申し立てる方法です。

なお「相続廃除」は事後的に取り消すことができます。また、相続欠格や相続廃除となった場合でも、該当者の子供は代襲相続が可能です。代襲相続させることも避けたいのであれば、遺言で相続させないようにして最低限の「遺留分《いりゅうぶん》」（61ページ参照）を渡すにとどめるか、「生前贈与《せいぜんぞうよ》」などで自分が生きているうちに財産を処分するか、このどちらかを選択してください。

※「生前贈与」……契約によって、故人がまだ生きている段階で、財産を他人に譲渡すること。これとは別に、死亡を条件に財産を譲渡することが「死因贈与《しいんぞうよ》」となる。

難解度　★★★☆☆

6 カツオ、ホッとひと安心……。「遺留分」制度で最低限の財産を確保！

相続人間に公平な相続を行わせるための制度

教育熱心な波平は、息子のカツオの将来をいつも気にかけていたようです。相続財産などあてにせずに自分の力で生きていってほしいと願っていた波平が、自分の死後にカツオがしっかりと生きていくために、

「わしの財産は、カツオにはいっさい分け与えない」

などといった遺言書を書いたとしたら……、カツオは絶対に黙っていないでしょう。

「お父さん、それじゃあ、あんまりじゃないか！」

そんなときに**カツオが主張するのが「遺留分《いりゅうぶん》」の制度**です。

「遺留分」とは、被相続人が遺言によっても自由に処分できない財産の割合で、被相続人が相続人に対して「最低限残さなくてはいけない遺産の部分」のことを指します。

たとえば、波平が遺言により全財産をすべて自由に処分できるならば、フネ、サザエ、カツオ、ワカメの間に著しい不公平が生じたり、カツオのように一部の相続人が本来受け継げるはずの遺産を失ったりするでしょう。このような事態を防ぐ制度が「遺留分」です。

また、遺留分の権利を有する者を**「遺留分権利者《いりゅうぶんけんりしゃ》」**といい、もしも、受け継いだ相続財産が遺留分に満たない場合は「遺留分を侵害された」として、侵害した相続人に対し、本来もらうはずであった自分の遺留分の侵害額を取り戻す権利を行使することができます。

これが**「遺留分侵害額請求権《いりゅうぶんしんがいがくせいきゅうけん》」**と呼ばれる権利です。

ただし、侵害された遺留分は、権利を主張しないと取り戻すことはできません。

遺留分を侵害する遺言や贈与は当然に無効となるわけではなく、**遺留分権利者が遺留分を侵害している相続人に対し「遺留分侵害額請求権」を行使して、はじめて取り戻すことが可能**となります。

なお、**「遺留分侵害額請求権」には、時効がある**ので注意！

「遺留分が侵害されていることを知ってから1年以内、相続開始後10年以内に権利を主張しないと無効となる」——。つまり、カツオは、自身の遺留分を侵害されていることが判明したら、まず相手に意思表示をして、権利の主張をしなければ、取り戻せるはずのものが消滅してしまいます。

家庭裁判所の許可を得れば、遺留分の放棄は可能

生前に相続人（推定相続人）が相続放棄の意思を示す場合がありますが、相続がまだ発生していないため法律上は無効です。仮に、波平が無理矢理カツオに相続放棄する旨《むね》を一筆書かせても同じ扱いとなります。

これに対して、**遺留分の放棄は有効**です。

波平がカツオにはいっさいの財産を残さない旨の遺言書を作成し、さらに家庭裁判所の許可を得て、カツオに遺留分を放棄させれば、カツオに対して波平の生前における相続放棄をさせたのと同じ効果が得られます。

遺留分の権利を持つのは、配偶者、子供、父母（直系尊属）だけで兄弟姉妹には遺留分はありません。遺留分の割合は以下のとおりです。

◎被相続人の配偶者または子供が相続人になる場合→2分の1
◎被相続人の父母、祖父母（直系尊属）のみが相続人になる場合→3分の1

この割合を相続人全員が法定相続分に従って分割した額にかけたものが、相続人の個別の遺留分にあたります。

たとえば、波平が死亡し（※相続人はフネ、サザエ、カツオ、ワカメ）、長女のサザエに全財産を残す遺言が見つかった場合、遺留分権利者は配偶者のフネ、子供のカツオ、ワカメとなります。つまり、サザエが他の相続人の遺留分を侵害していることになるわけです。

ですので、サザエに対し、フネは相続財産のうち4分の1（2分の1×2分の1）、カツオとワカメはそれぞれ12分の1（2分の1×2分の1×3分の1）を遺留分侵害額として請求することができます。

遺留分は法定相続分によって変わってくるので、遺留分をできるだけ少なくするには、法定相続人を増やす方法が有効です。波平がカツオの遺留分を少なくするために、たとえばマスオを養子にした場合、カツオの法定相続分は6分の1から8分の1になり、遺留分は12分の1から16分の1になります。

特定の子供の配偶者を養子にする方法は、基礎控除額を大きくするなどの相続税対策としても有効ですが、ほかの子供の遺留分封じとしても有効です。

遺留分封じとしてはこのほか、遺留分の対象となる相続財産を減らすという意味で、財産を多く残したい相続人に対して、相続財産ではなく、生命保険の受取金を取得させる方法があります。生命保険の受取金は、相続人を受取人として指定すれば相続財産にはならず、遺留分侵害額請求の対象にはなりません。

難解度　★★★★☆

7 海平、なぎえの兄弟姉妹には発生しない「遺留分」の仕組みを解剖！

相続人になっても「遺留分」はもらえない

前節で説明した「遺留分」は、被相続人の兄弟姉妹にはありません。波平には、兄の海平と妹のなぎえがいますが、彼らに遺留分はないのです。

兄弟姉妹が相続人になるパターンは、被相続人に子供がおらず、両親もいない場合ですから、仮にサザエ、カツオ、ワカメが相続放棄すると、波平の両親が亡くなっている場合、海平となぎえが相続人となります。

しかし、波平がフネに全財産を渡す内容の遺言を書いていた場合には、兄弟姉妹に遺留分はないため、海平となぎえは遺留分を主張することができず、遺言どおりにフネに全財産が渡ります。

63ページでも説明しましたが、兄弟姉妹以外の法定相続人に関する遺留分の割合については、被相続人の配偶者または子供が相続人になる場合は2分の1、被相続人の直系尊属のみが相続人になる場合は3分の1と、民法でそれぞれ定められています。

波平が亡くなった場合、両親もすでに亡くなっているでしょうから、フネやサザエ、カツオ、ワカメの遺留分額はそれぞれ2分の1です。遺留分算定の基礎となる財産の額にこの遺留分の割合と法定相続分をかけた額が遺留分となります。遺言により遺留分が侵害されているか否かは、遺言を前提として取得される財産額と遺留分額との比較で判断されます。

たとえば波平が3000万円の財産を残していた場合、カツオの遺留分は、3000万円の遺産に遺留分の割合の2分の1と、それに対する法定相続分の6分の1をかけた250万円です。**カツオの遺留分が侵害されているか否かは、この250万円よりも少ないかどうかで判断する**ことになります。

厳密にいうと、遺留分算定の基礎となる財産は、相続開始時に存在する財産に

法定相続人と遺留分の割合

相続人の範囲	遺留分の割合
① 直系尊属（父母、祖父母）のみの場合	1/3まで
② 配偶者のみの場合	1/2まで
③ 子供のみの場合	1/2まで
④ 配偶者と子供の場合	1/2まで（配偶者1/4　子供1/4）
⑤ 配偶者と直系尊属の場合	1/2まで（配偶者1/3　直系尊属1/6）
⑥ 配偶者と兄弟姉妹の場合	1/2まで（配偶者1/2　兄弟姉妹なし）
⑦ 兄弟姉妹のみの場合	**遺留分なし**

被相続人が相続開始前1年以内に贈与した財産を加え、これらから相続債務を引いたものです。

被相続人が贈与した財産を加えることを「持ち戻し」（75ページ参照）といいますが、これを行う理由は、そうしなければすべての財産を贈与した場合に遺留分がなくなってしまうからです。

贈与は相続開始前の1年以内のもののみを加え、それ以前の贈与は、贈与の当事者双方が遺留分権利者に侵害を加えることを知っていながらも贈与した場合のみ持ち戻します。

侵害している相続人への主張は、遺贈→贈与の順番

同じく前節で説明した「遺留分侵害額請求権」について、補足事項です。
この権利は侵害している相続人に対して主張します。主張の順番は、まず遺贈、次に死因贈与、贈与の順番で、贈与のなかでも直近の贈与から順番に遺留分侵害額請求をします。書面がなくても口頭の意思表示が相手に確実に伝われば有効ですが、**やはり内容証明郵便や裁判手続きのなかで明確にしておくべき**です。内容証明郵便には、遺留分侵害額請求の対象となる処分行為を特定し、請求すべき遺留分侵害額を表示します。

遺留分侵害額請求の意思表示は訴訟の場において行うこともできます。調停の申し立てでの遺留分侵害額請求が可能かどうかについては、「調停申立書」が相手方に送達されないために、相手方に対して行う必要のある遺留分侵害額請求の意思表示がなされたとはいえません。もしも調停の場において、当事者間で遺留分侵害額請求の意思表示がなされた場合には、調書に記載するなどして証拠化する必要があります。さらに別途、内容証明郵便により意思表示をしておいた方が

よいでしょう。

また自分にとって不利な内容の遺言について有効性を争う「遺言無効確認請求訴訟」を提起する場合、遺言が無効である旨の主張をしますので、遺言が有効であることを前提とする遺留分侵害額請求は矛盾《むじゅん》してしまいます。ただし、遺言無効確認請求訴訟に敗訴すれば相手から遺留分の時効を主張をされることもありますので、念のために予備的な遺留分侵害額請求の意思表示は当初からしておくべきです。

難解度 ★★★☆☆

8 カツオ、波平の新規事業に貢献！相続分に「寄与分」はプラスされるのか？

じつは、もめる原因に一番なりやすい問題

故人の事業を手伝ったり、財産の維持もしくは増加に特別の貢献をした場合、**「寄与分《きよぶん》」**というものが認められています。簡潔にいうと、被相続人のために多大なる貢献をした相続人は、**遺産分割による相続分に加えて、別の取り分も受け取ることができる**のです。

故人に貢献したのだから「そんなのは当たり前だ」といえそうなのですが、じつは相続で一番もめる原因が、このちょっと特殊な取り分の存在なのです。

先ほどから「貢献」という言葉が出てきていますよね。しかし「貢献したとみ

なす」範囲が非常にあいまいで、一般の人が判断するのは容易ではありません。そのため、相続人の1人が寄与分の主張をしても、他の相続人たちからすれば、「○○だけ取り分が多いなんて許せない」と考える――。**結果、もめる**わけです。

では、次のようなケースは、寄与分が認められるのでしょうか？

もしも波平が何らかの個人事業を経営していたとします（本当は、サラリーマンなのですが……）。うまく景気に乗って、一財をなしたところまでは順風満帆《じゅんぷうまんぱん》でしたが、おりからの不況で一気に苦しい経営を強《し》いられる状況になってしまいました。

ところが、長男のカツオが寝る間も惜しんで、波平の事業を懸命に支えてくれたおかげで、何とか持ち直し、財産も増やすことができた。その後、波平は亡くなり、妻のフネと3人の子供たちの間で遺産分割の話し合いが行われたのです。

当然、カツオとしては、

「ボクのおかげで、お父さんの会社は持ち直したし、財産も増えた。だから、ボクがお母さんや姉さん、ワカメたちよりも多くもらってもいいはずだ！」

などと主張してくるはずです。このようなケースでは、波平の事業を手伝い、財産形成に著しく貢献したカツオに寄与分が認められる可能性があります。

単なる看病程度では認められません！

民法上で寄与分として認められる主なケースには、

①被相続人の事業に関する労務の提供
②被相続人の事業に関する財産上の給付
③被相続人の療養看護

などが挙げられ、今回のカツオのケースは①に該当しています。

となると、妻のフネも波平の生活の面倒や病気になった際の看病をしていただろうから寄与分が認められるのではないか、と思いますよね。

残念ながら、認められません。**妻の通常の家事労働や、妻としての夫に対する**

看病は「特別の寄与貢献」とはいえず、寄与分にはならないのです。看病が寄与分として認められるには、扶養義務を超えた著しい程度の療養看護が必要とされます。

なお、寄与分をそもそも認めるかどうか、認めるとしてもどの程度の価値になるかは相続人全員による話し合いで決めます。

話し合いで決着がつかないときは、家庭裁判所に寄与分を定める調停または審判を申し立てます。寄与分が認められると、被相続人の相続財産から寄与分を切り離して、残った財産を法定相続分に従いながら分割していきます。

寄与分が認められた人は**「法廷相続分＋寄与分」の財産が受け取れる**わけです。

たとえば、マスオが波平の介護をしたあとに波平が亡くなった場合などのように、相続人ではない親族が被相続人の介護や看病をするケースがあります。

マスオは波平の相続人ではないので、従来は、遺産の分配にあずかることはできませんでした。これでは、波平の相続人であるサザエが介護をした場合には寄与分が認められる可能性があるのに対して、不公平感もありますよね。

法改正により、相続人ではない親族であるマスオも、被相続人である波平の介護や看病に無償で貢献し、波平の財産の維持または増加について特別の寄与をした場合には、波平の相続人であるフネ、サザエ、カツオ、ワカメに対し、特別寄与料として金銭の請求をすることができるようになりました（民法第１０５０条１項）。

難解度 ★★★★☆

9 「ワカメだけ、ズルい！」サザエとカツオの不公平感を解消する

公平な相続を行うためのちょっと気が利いた制度

相続人が贈与や遺贈を受けたときに、他の相続人との公平を期するために、その金額を相続分から差し引く制度として**「特別受益《とくべつじゆえき》の持《も》ち戻《もど》し」**があります。

特別受益とは、遺贈や生前贈与などです（77ページ参照）。

たとえば、波平が末娘のワカメばかりを可愛《かわい》がって、生前贈与をたくさんあげていたとしましょう。同じきょうだいとして平等であるはずのサザエやカツオは、不満を持つかもしれませんね。そのような場合に、ワカメが波平から生前にもらっていた財産を考慮しつつ、各相続人の相続分を決めるのが、この制度で

す。

被相続人の死亡後は、共同相続人間で法定相続分に従って、被相続人の遺産を相続するのが原則です。

ところが、共同相続人のうちで、被相続人からの遺贈や、結婚時の持参金などの名目で被相続人の生前に贈与を受けた人がいた場合、それらの贈与をまったく何ら考慮もせずに法定相続分に応じて遺産を分けることは、共同相続人間の公平を害することにつながってきます。

そこで、生前贈与などの特別受益を受けた人がいる場合は、特別受益分を考慮して計算し、被相続人が死亡時に有していた財産の価値に、生前に贈与された財産の価値を加えたものを相続財産とみなします。

このようにして計算した相続財産に法定相続分をかけて算出した価値から、生前贈与を受けたなどの特別受益分の価値を差し引いた金額を、特別受益を受けた人の相続分とするわけです。

要するに、**相続人のなかで財産を特別にたくさんもらった人には、まずもらっ**

た分を戻させたうえで、新たに相続分を計算し、そこからすでにもらった分を差し引いた残りの財産を相続させるということです。ただし、生前贈与・遺贈が相続分よりも多い場合は、返還を請求することはできません。

「特別受益」に含まれるのは、何か？

遺贈については、どのような遺贈かにかかわらず、すべて「特別受益」となります。

これに対して、生前贈与は、婚姻のための贈与（持参金、新居、道具類、高額の結納《ゆいのう》、高額の新婚旅行費用など）、養子縁組のための費用、高等教育の学費、土地や建物、営業用の車輛など、生計の資本としての費用のみが「特別受益」に該当します。

ただし、**結婚式にかかった費用は、原則としてあてはまらないと考えられています。**学費に関しても、1人だけに高等教育を受けさせる場合は特別受益となりうるものの、大学進学率が高い現在の状況下では、特別に高額な場合を除いて大学の学費程度であれば特別受益にあたらないとするのが一般的ですね。

生前の贈与が特別受益にあたる場合、現金ならば貨幣価値の変動を考慮したうえで相続開始時の貨幣価値で計算します。土地や株式は贈与を受けたあとに売却したとしても、現物があるものとして相続開始時の評価額・株価で計算します。

特別受益にあたるとされても、被相続人が「持ち戻し」を免除した場合は、持ち戻さなくてもよいのですが、持ち戻し免除の意思を書面ではっきりと示していることは極めてレアケース。

たとえば、波平がフネに、自分が亡くなったあとも安心して自宅に住み続けられるよう、自宅を生前贈与した場合、フネが特別受益として持ち戻しをすることになっては、波平の意思に反してしまいます。

そこで２０１８年７月の法改正によって、20年以上連れ添った夫婦で、一方の配偶者が他方の配偶者に自己が所有する居住用建物や敷地を生前贈与したり、遺言で遺贈したりした場合には、持ち戻し免除の意思表示をしたものと推定するとされました（巻末「改正ポイント」参照）。

このほかのケースでも、黙示《もくし》の持ち戻し免除の意思表示が認められれば、持ち戻さなくてもよいとされることがありますが、この場合「黙示の持ち戻し免除の意思表示がある」といえるための認定基準が問題になってきます。この認定にあたっては、贈与した経緯、趣旨、その他被相続人が受贈者から利益を得ていたかどうかなどを総合的に考慮して、黙示の意思表示を認定しています。

持ち戻し免除の意思表示が遺留分を侵害する場合は、遺留分侵害額請求がなければ遺留分を侵害する持ち戻し免除も有効です。ただし、遺留分侵害額請求があるときは、これを持ち戻して遺留分の算定をすることになり、その限度で持ち戻し免除が無効となります。

相続手続きの主な流れ

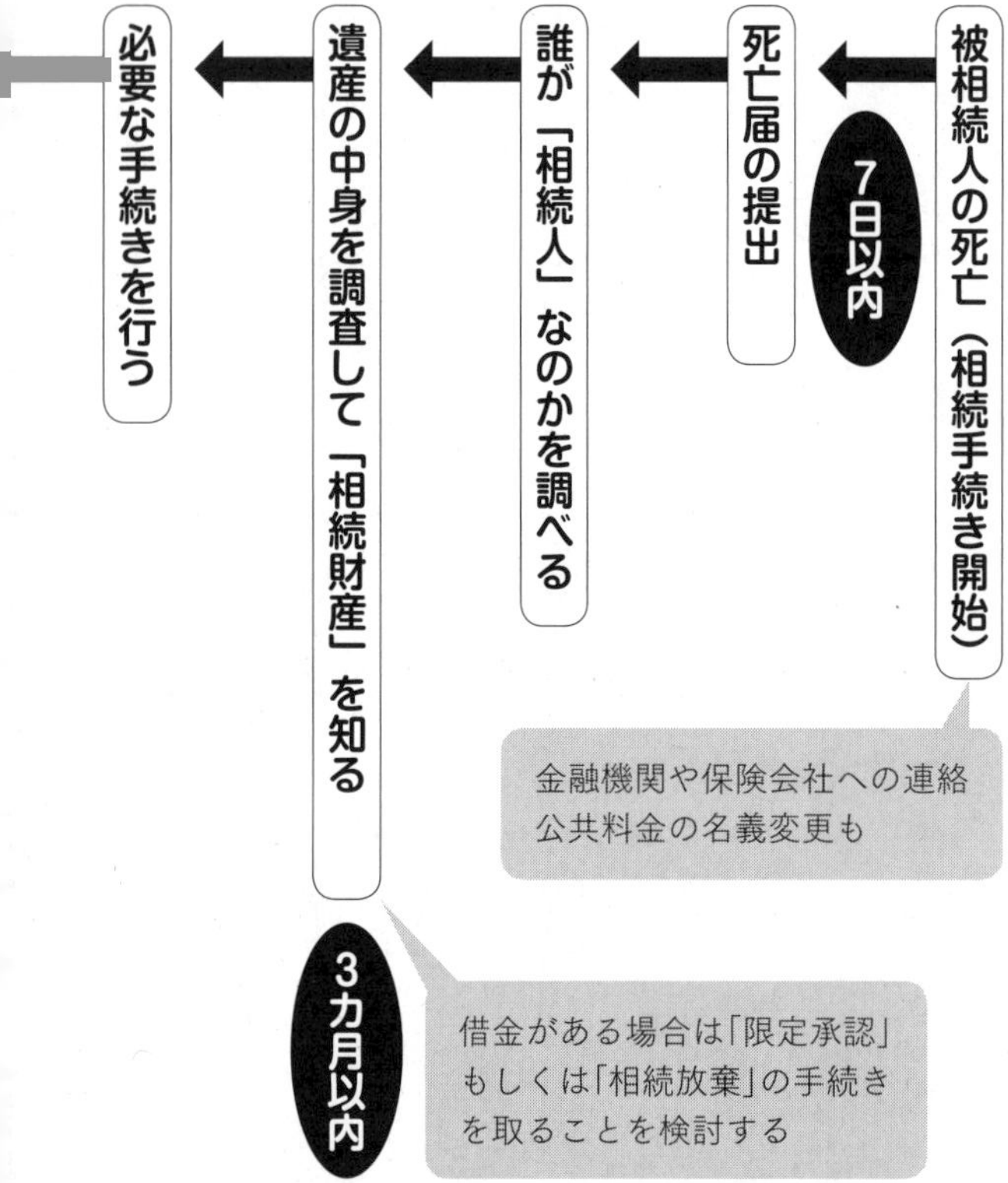
被相続人の死亡（相続手続き開始）
金融機関や保険会社への連絡
公共料金の名義変更も
7日以内
死亡届の提出
誰が「相続人」なのかを調べる
遺産の中身を調査して「相続財産」を知る
3カ月以内
借金がある場合は「限定承認」もしくは「相続放棄」の手続きを取ることを検討する
必要な手続きを行う

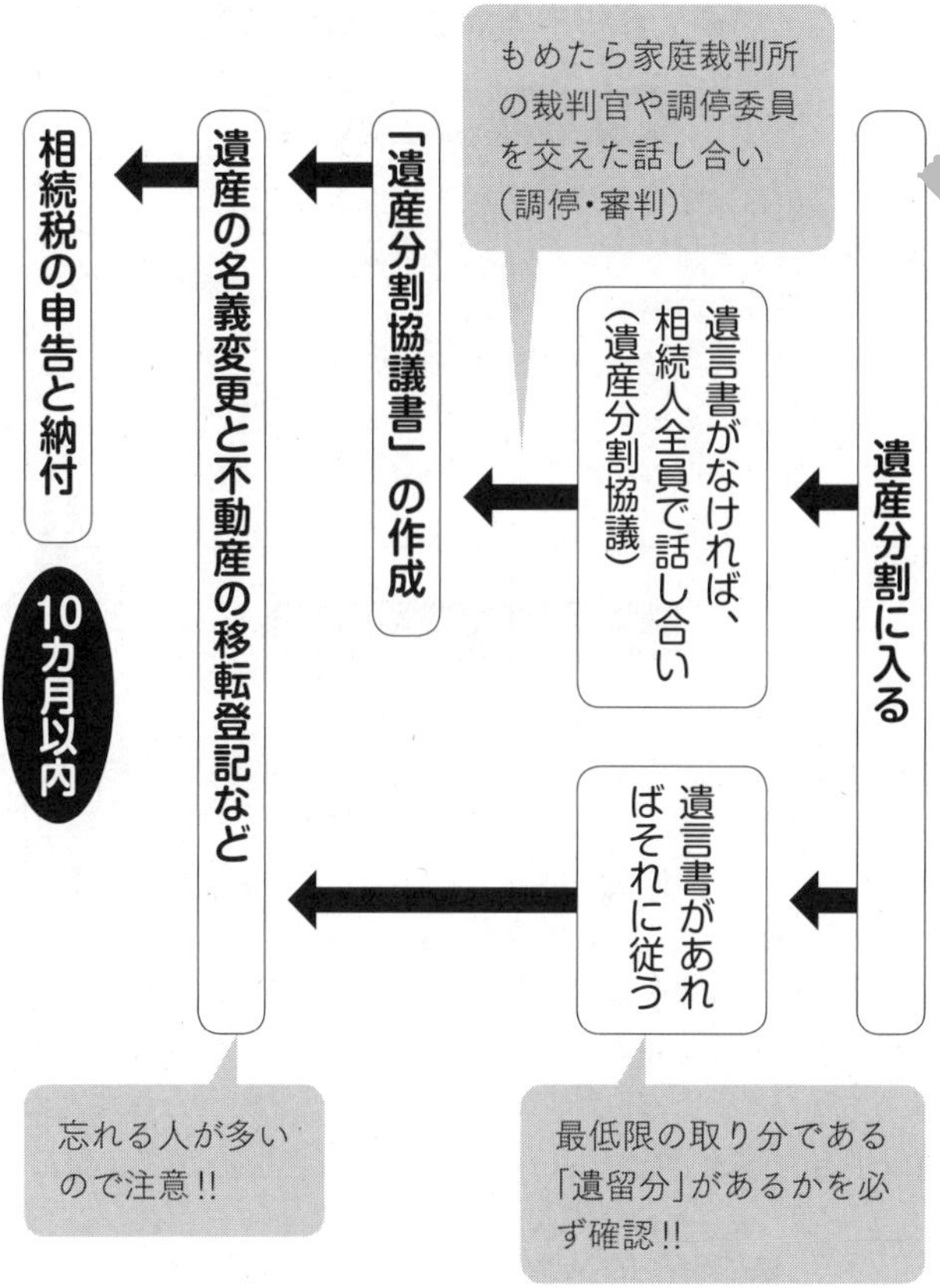
遺産分割に入る
遺言書がなければ、相続人全員で話し合い（遺産分割協議）
もめたら家庭裁判所の裁判官や調停委員を交えた話し合い（調停・審判）
遺言書があればそれに従う
最低限の取り分である「遺留分」があるかを必ず確認!!
「遺産分割協議書」の作成
遺産の名義変更と不動産の移転登記など
忘れる人が多いので注意!!
相続税の申告と納付
10カ月以内

※原則として、遺産分割はいつ行ってもよいのですが、
なるべく早く協議に入ることをおすすめします！

相続人が行う主な手続きの一覧表

法律関係の事務的な処理

- 市区町村役場への死亡届の提出（7日以内）
- 公共料金や借家、借地などの名義変更
- 生命保険金の請求
- 健康保険の手続き（保険証の返還など）
- 公的年金の手続き（死亡届などの提出など）
- 被相続人の所得税の準確定申告（4カ月以内）

など

相続財産に関する処理

- 遺言書の有無の調査
- 遺言書の検認の手続き（※公正証書遺言以外、204ページ参照）
- 相続人や相続財産の調査
- 相続放棄や限定承認の検討（3カ月以内）
- 遺産分割協議や遺産分割調停
- 相続した財産の名義や登録などの変更
- 相続税の申告と納付（10カ月以内）

など

**法律関係の処理および相続の手続きは
多岐にわたるので、漏《も》れがないように注意する！**

第2章

こんな人たちも遺産はもらえるの？ズバリ解説！

☆第2章のキーワードは「相続権の行使」です！

遺産は、すべての人がもらえるわけではありません。原則「相続人」に該当《がいとう》する人たちだけです。しかし、この「相続人」の権利をめぐって、とんでもない争いが起こるから怖い！

ひと昔前までは「家を継ぐ長男がすべて相続するのが当たり前」といった風習も見られましたが、今の時代、無償でもらえるものがあるのに、みすみす譲るような人は、まずいないのではないでしょうか。何らかのつながりから「相続人」の権利を主張し、少しでも遺産をもらいたいと考えている方もいます。

事実、そういったことが原因で身内同士のトラブルに発展し、裁判沙汰《ざた》になったケースが多々あります。また、被相続人が生きていたときに一度も会ったことがない人が、ある日突然「ボクも相続人の権利があるはずですが……」と名乗り出てきた、といったケースも！

そこで本章では「こんな場合、相続の権利主張はできるの?」といったテーマで、意外に知られていない「相続権を行使できる人」について説明します。

ちょっと変わったケースの遺産相続

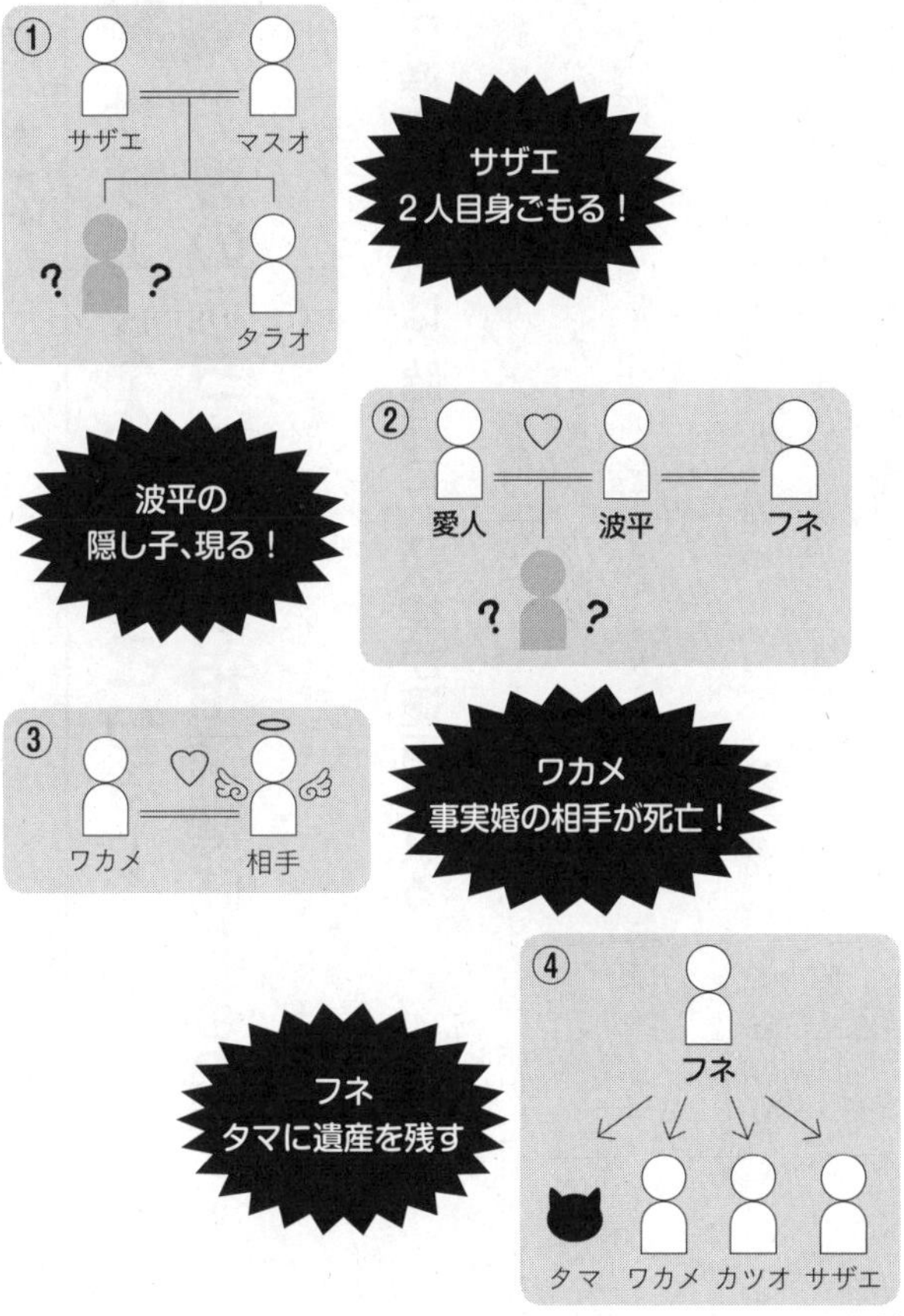

……など

難解度 ★★★☆☆

1 サザエ、2人目を身ごもる！お腹の赤ちゃんにも相続権はあるの？

死産でなければ、胎児にも法律が適用される

相続人のなかに赤ちゃんを身ごもっている女性がいる場合、胎児《たいじ》にも相続権は認められるのでしょうか。

この問題については民法の規定を踏まえ、説明していきましょう。

今朝、自宅を出るまでは元気だったのに、通勤途中で交通事故に遭《あ》ってしまい、身重の妻を残して、そのまま帰らぬ人になってしまった――。

このようなケースは十分にあり得ることです。

そこで民法では「胎児も生まれたものとみなすことで相続人として扱う」という規定を置き、解決策を用意しています。もっとも、**胎児の段階では死産の可能性もあり、現在の法律では、無事に生まれた場合に相続人として認めているのが実情**です。

たとえば、マスオが亡くなったときに、サザエが身ごもっていた場合、相続人はサザエとタラちゃん、お腹《なか》の子供となります。しかし、胎児が死産の場合は、相続人として認められないため、サザエとタラちゃんがマスオの財産をそれぞれ2分の1ずつ相続することになるでしょう。

無事に生まれるかどうかは、胎児の段階ではわかりかねるため、**相続開始から出産までの間は遺産分割の話し合いを避けるべき**とされています。万が一、死産になった場合、やり直さなければならないからです。

サザエが身ごもった2人目の子供が死産ならば、いったん成立した遺産分割がやり直しになり、タラちゃんの相続分が2倍に増えます。また、子供は1人しか生まれないだろうと見越して、サザエ、タラちゃん、胎児で遺産分割をしたものの、双子《ふたご》であった場合には、タラちゃんの相続分が全体の4分の1から6分の1に減ってしまいます。

生まれる前の胎児がいる場合は、実際の遺産分割の話し合いなどを行わないで、生まれるまでストップした方が、余計な時間や手間をかけずにすむと理解しておいてください。

法律家も頭を悩ます！「人工授精」の問題

めまぐるしい医学の発達によって、私たち相続問題に関《かか》わるすべての人間が、1つの大きなテーマを抱えることにもなりました。

「人工授精や体外受精の場合は、どうなるのか」という超難問です。

相続には、被相続人が亡くなった時点で、相続人が存在していなければならないという原則（※同時存在の原則）があります。しかし現実には、相続される人間が亡くなった瞬間から相続する人間が相続する瞬間までにタイムラグが生じることがあります。

先述した胎児の場合には、胎児の段階ですでに生まれているものとみなすこと自体が、同時存在の原則の修正がなされていることを意味します。

しかし、父親の生前に採取した精子を冷凍保存して、死亡後に保存しておいた精子で人工授精をして妊娠した場合、相続開始時に胎児ですらなかったものを相続人とする点で修正の修正となってしまうのです。そのため、このような場合に生まれてくる子供を相続人とすることには問題がある、と指摘する人もいます。

さらに体外受精で受精卵の状態で冷凍保存し、父親の死後に母親の胎内に戻したあとで出生した子供に相続権があるかどうかの問題もあります。

受精卵の段階で胎児とみなされるのか、子宮内膜への着床《ちゃくしょう》の段階にならないと胎児とみなされないのかによって、相続権の有無の結論が変わってきます。受精卵の段階で胎児であるとすれば相続権がある、とされるでしょうし、着床までは胎児とみなさないとすれば相続権がない、ということになってきます。

いずれにせよ、未《いま》だに結論が出ない難しい問題だといえます。

難解度 ★★☆☆☆

2 えええっ！ 波平に、まさかの愛人！ 隠し子にも相続権が？

被相続人の「認知」が絶対条件になる

愛妻家の波平に限って、絶対にあり得ないことだと最初に断っておきますが……。

もしも、もしもですよ。波平が愛人をつくり、隠し子までいたとしたら、この子供にもサザエやカツオ、ワカメと同じ相続権があるのでしょうか。磯野家のみなさんが鬼のような形相で、この隠し子を睨《にら》んでいるのが、何だか目に浮かんできそうです。

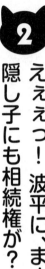

結論から述べれば「相続権はある」といえます。

ただし、波平の子供であると、波平自身から「認知」がされていることが絶対条件です。

認知がされていれば、隠し子も実子と同様の法定相続分を持ちます。

つまりサザエ、カツオ、ワカメは、波平とフネの間に生まれた子供ですから「嫡出子《ちゃくしゅつし》」で、波平の隠し子は波平と愛人が結婚していない以上、一律に「非嫡出子」の扱いとなるものの、嫡出子と認知された非嫡出子の法定相続分は平等です。波平の財産の2分の1は配偶者のフネがもらい、サザエ、カツオ、ワカメと隠し子がそれぞれ8分の1ずつを相続することになります。

親の隠し子の存在は兄弟姉妹の相続にも影響が……

隠し子の存在は「兄弟姉妹」の相続にも深く関わってきます。

今回のケースでは、サザエ、カツオ、ワカメの全員が波平とフネとの間の子供である「全血《ぜんけつ》兄弟姉妹」であるのに対し、3人と母親の違う波平の隠し子は「半《はん》血《けつ》兄弟姉妹」となります。

「半血《はんけつ》兄弟《きょうだい》姉妹《しまい》」とは、父母の一方だけを同じくする、いわゆる異父（異母）兄弟姉妹のことです。

隠し子の存在は、波平の遺産を相続する場面だけではなく、44ページのように兄弟姉妹（第三順位）として相続人になる場合の相続にも影響を及ぼします。この場合、半血兄弟姉妹の相続分は全血兄弟姉妹の2分の1です。

たとえば、カツオが未婚のまま子供をもうけることもなく死亡したとします。すでに波平もフネも亡くなっている場合、本来であればカツオの相続人は、サザエとワカメとなり、それぞれ2分の1ずつ相続するはずです。ところが、波平に認知された隠し子がいる場合、サザエとワカメにとっては本来自分たちに分割されるはずだった相続分が減ってしまいます。そしてその隠し子はカツオの半血兄弟姉妹であるので、サザエとワカメの相続分はそれぞれ5分の2、隠し子の相続分は5分の1となります。

難解度　★★☆☆☆

3 マスオは、磯野家の婿養子ではなかった！

「義理の息子」と「養子」では、相続時の立場が違う

そういえば、サザエの夫であるマスオは、いつも波平のことを「おとうさん」と呼んでいますよね。また、名字は「フグ田」なのに、なぜか磯野家で生活している……。

マスオが、なぜ磯野家で暮らしているのかは他書に譲りますが、ここで明らかにしたいのは「マスオは、婿養子《むこようし》ではない！」ということ。

じつは、この結論が、これからのお話に大きく関与してきます。

配偶者は必ず相続人になれますが、被相続人の子供も「相続放棄」や「相続廃《はい》

除《じょ》」「相続欠格《けつかく》」ではない限り、相続人になります。そして、この被相続人の子供というのが、重要なポイントなのです。

被相続人の子供は実子であるケースがほとんどですが、なかには「養子」という形で、本来は血のつながらない関係に人為的に法律上の親子関係をつくり出すケースもあります。もちろん、**養子は血縁関係がありませんが、法律上は血族と同様に扱われ「嫡出子」の身分を取得します。**これを「法定血族《ほうていけつぞく》」といい、養子にもらった子供は実子と同じく相続人になることができ、さらには相続分も実子と同じになります。

マスオの場合は？

たしかにマスオは、波平のことを「おとうさん」と呼んでいます。しかし「お義父さん」であって「お父さん」ではありません。また、妻であるサザエの実家「磯野家」と一緒に生活し、周囲からは「お婿さん」と呼ばれ、【マスオ＝「婿養子」】とみなさんは理解されているかもしれませんが、マスオは、あくまでも波平の義理の息子であって、法律上の婿養子ではないため、相続人になる権利は発生しません。

波平が義理の息子であるマスオを相続人にしたいのならば、「養子縁組」をする必要があります。

なお、養子縁組は相続税の対策のために行われることもあります。相続税には基礎控除額があり「3000万円＋600万円×法定相続人の数」までは税金がかかりません。法定相続人が多ければ基礎控除額も増えますし、適用される税率が低くなることから、明らかな節税目的で、相続人を増やす方もいます。

こうした問題点を解決するために、現在では法定相続人の数としてカウントできる養子が、実子がある場合には1人まで、実子がいない場合には2人までに制限されています。

また、孫と「養子縁組」をする人もいます。一見、自分の財産はいずれ孫に行くものであると考えた祖父の思いやりにも思えますが、これも1つの節税対策なのです。

孫を養子にすると、子供を飛ばして孫に直接相続させることができるので、相

続税の徴収が本来は2回かかるものを1回で済ませることが可能になります。

よくあるパターンとして、孫名義の銀行通帳を作ってお金を入れて節税対策をするケースがありますが、贈与税を支払っていないと必ずしも孫のものであるとは認められないので、注意してください。

養子は「実親」と「養親」の両方から相続できる

「養子縁組」をすると、もともとの実親との縁が切れるかのようなイメージですが、普通の養子縁組では、実親との親子関係は残ったままです。つまり、養子に出した親と養子に出された子供は、親子関係が消滅するわけではないのです。したがって、**養子は実親と養親との両方から相続することになります。**

もしも、**波平がマスオを養子にした場合、マスオは波平からも相続しますし、大阪のフグ田家の両親からも相続することが可能なのです。**

一方「養子縁組」でも「特別養子縁組」の場合は、実親との親族関係が消滅するので、実親からの相続はできなくなってしまいます。

難解度　★☆☆☆☆

4 「タマに財産を譲ります」――フネの遺言書の内容に、大ブーイング！

どんなに可愛いペットでも、相続権はない

波平が亡くなり、3人の子供も孫のタラちゃんもそれぞれ独立し、あれだけ大家族で賑《にぎ》やかだった磯野家も、年老いたフネしかいない。時々サザエやワカメが心配して、顔を見せてはくれるものの、やはり1人の時間は心寂しい……。そんなフネの気持ちを知ってか知らずか、タマが今まで以上になついてくれて、幾分気持ちも癒《いや》されている――。

数年後、フネも亡くなり、悲しみに暮れる磯野家に、思いもかけない事態が起こったのです。フネは自分の余生が残り少ないことを察していたのでしょう。遺

言書を波平の仏壇の引き出しに残していました。

ところが、その中身が、**まったく家族が予想だにしていなかった内容だったの**です。

「私の財産の一部は、タマに譲ります」

なんとフネは財産の一部をペットのタマに譲ると遺言書に書き記していたのです。驚いたのはサザエたち相続人のメンバー。「タマに、ペットに、相続権があるはずがない！」と騒ぎ立てたのですが、果たして、この結末は……。


残念ながら、**タマ（ペット）に相続権はありません。**

財産を所有するには法律上「権利能力」が認められなくてはなりません。これは、権利や義務の主体となれる能力のことです。財産を所有することも権利の主体になることですから、権利能力が必要です。そしてこの権利能力は、人間や会社などの法人のみに認められていて、人間以外の犬、鳥などの動物は権利や義務の主体にはなれません。

ですので、フネがいくら遺言書に書き記したとしても、ペットであるタマに相続権は発生しないので、無効となるわけです。

タマからすれば、不動産やお金などを与えられるよりも、好物のかつおぶしをもらった方がいいに決まっています。フネもそんなことはわかっていますから、この遺言書の真意は「遺族の誰かに自分が亡くなったあとのタマの面倒をしっかりみてもらいたい」という想いが隠されているのだと思います。たとえタマに財産を残せなくとも、タマの面倒をみてくれる人に財産を残して、その代償として面倒をみてもらえばいいわけです。

このような方法を**「負担付《ふたんつ》き遺贈《いぞう》」**といいます。

自分の死後のペットの生活を心配するなら……

たとえば、カツオに「タマの面倒をタダでみて欲しい」と遺言したところで、素直に従うとは限りません。

「負担付き遺贈」とは、こうしたケースを**事前に考慮し、タマの面倒をみることを大前提に、カツオに対してある程度の遺贈をしておく、といった方法**です。エサ代はもちろん、病気になったときに動物病院で診察してもらう代金など、ペットの世話をするには信じられないほどのお金がかかります。それだけにとどまらず、健康維持のために散歩に連れていくなどの労力も必要になってくるでしょう。タマは猫なので、散歩の必要性の有無はわかりませんが、室外犬であれば1日1回は散歩に連れていくはずです。雨の日も、寒い冬の日も欠かさずに散歩に連れていき、定時にエサをあげる。

ペットの世話をするとは、本当に愛情がなければ務まらないことですよね。

ただし「負担付き遺贈」を行うには注意点があります。

フネが遺言書でいくらペットの世話をするための遺贈をカツオに与えると記していても、カツオの事前承諾がなければ、混乱を招く可能性があるということです。将来、カツオが猫嫌いになっている場合もあり得ますし、カツオの奥さんが喘息《ぜんそく》を持っていて、動物は好きだけれど飼うことはできないケースも十分に考えられることでしょう。

「負担付き遺贈」をするのであれば、あらかじめ相手に事実上のお願いをしておく必要があると覚えておいてください（197ページも参照）。

難解度　★★☆☆☆

5 大好きな彼と「事実婚」状態のワカメ。相手の相続人に、なれる？

法律婚ではない事実婚には、とにかく障害が多い

「結婚」という形式に違和感を覚え、無理に入籍せずに生活をともにすることで、事実上は婚姻状態にある「事実婚」というスタイルを選択する若いカップルが増えています。

こうした状況下で、もし相手が亡くなった場合、もう一方のパートナーは相続人になれるのか、というお話なのですが……。

結論を先に述べると、**婚姻関係がない限り「法律上の相続人」とは認められません。**

また、遺言による遺贈がない限りは、財産を受け取ることもできません。

これは事実婚だけに限らず、内縁の妻、つまり戸籍上の妻とは認められていないパートナー、同性愛者のパートナーにも同じことがいえます。

ですので、ここからはすべてのパートナーの問題として考えていきましょう。

パートナー同士が一緒に暮らしていると、ついつい個別の財産についての管理があいまいになりがちです。将来のことを考えて、2人の共有の通帳をつくって、一緒にお金を貯《た》めている。マンションの名義は彼だが、ローンは2人で分割して支払っている……など、**無意識のうちに共同財産を持っていることが少なくありません。**

遺産相続では、これらが原因で残された人は地獄を見ることになるのです。

成人したワカメに、好きな男性ができ、同棲《どうせい》をしていたとしましょう。ワカメはうっすらと結婚を意識しているのですが、どうも相手は、入籍という形式に抵抗がある様子なので、しぶしぶ事実婚というスタンスを取っていました。

そんなある日、バイクで友人とツーリングに出掛けた彼が、突然の事故で亡くなってしまいました。悲しみに暮れるワカメ――。しかし、彼の母親が訪ねてきたことで、自分の立場を思い知らされることになったのです。
「息子名義の不動産、銀行預金は、母親の私が相続しますので、ワカメさんには申し訳ありませんが、出ていってもらえるかしら……」

パートナーが突然に亡くなった場合には、遺言を残していない限り、法律上の相続人でないワカメは遺産を相続できません。つまり、ワカメにはいっさいの相続の権利がないのです。彼と一緒に貯めたお金も、すてきな日々を過ごしたマンションも、彼の遺言がない以上は、名義人の彼の相続人である母親のものになってしまう可能性があります。

相手を心底思うならば「遺言書」を書いておく

日本では、法律婚が大前提になっているため、入籍もしないで内縁状態を続けることは、不利な状況しか生み出しません。**いくら愛し合っていても、長い間連**

れ添っていても、入籍していなければ、相手の遺産を相続する権利はなく、法律上の相続人が現れれば、そちらに渡すことになってしまいます。

ところが、前出のワカメのように残されたパートナーの方が、遺産の大部分または半分にあたるお金を出している場合もあるでしょう。こうした場合には、出資を証明して持ち分を主張することができれば、ある程度のお金が戻ってくる可能性もあり得ます。

ただ、実際はそこまでする人はごく少数で「相手との思い出を大切にしたい」「わずらわしい相続争いなんかに巻き込まれたくはない」と諦《あきら》めてしまう人が多いですね。

このような事態を避ける対策は、やはり生前からパートナー同士で、どちらかが死んだ場合の取り決めを「遺言書」という形で残しておくべきです。

法律婚に対して与えられている保護を受けられない状態を選択するのであれば、自分たちでもしもの時に備えて処理を事細かく決めて、パートナー間の財産の帰属をはっきりさせておくことが、結果的に残された相手を守ることになる、と断言できます。

難解度　★★★☆☆

6 波平の再婚相手に、ある疑念が……。磯野家全員で無効を訴える！

新たな相続人の登場は、家族に思わぬ火種をまく

これまでお話ししてきたように「誰が相続人になるのか」は、家族からすれば、気が気でない大問題だと思います。それもそのはず。「相続」という出来事を、言葉を選ばずにたとえるならば、**「宝くじよりも、はるかに高い確率で不労所得が手に入るビッグチャンス」**――。

誰もがこの絶好のチャンスを逃《のが》すまいと、欲望が剝《む》きだしになるのも仕方がないことかもしれません。事実、配偶者に先立たれたお年寄りが再婚しようものな

ら、家族は「自分たちの相続分が減る」といった身勝手極まりない理由から猛反対する傾向があります。

ただ、なかにはお年寄りの心理につけ込んで、婚姻届に強引に署名をさせ、勝手に提出するなど、明らかな財産目当ての再婚を迫るケースも少なくなく、家族が必死になって反対するのも、ある意味頷《うなず》けます。

磯野家の話に戻しましょう。

長年連れ添ってきたフネを亡くし、沈んだ気持ちで日々を送る波平。そんな彼のもとに若かりし頃のフネを彷彿《ほうふつ》とさせる女性が現れました。

何度か逢《あ》って話をするうちに、この女性と残りの月日を過ごしたい、と考えるようになっていた矢先、何と相手の方から再婚を迫ってきたではありませんか。

波平は快諾し、2人は晴れて夫婦となったのですが……。

波平に新たな配偶者ができれば、相続分も変わってしまう――。

それに気づいたサザエ、カツオ、ワカメの子供たちは、再婚に猛反発！

波平の想いは理解したいけど、どこのウマの骨ともわからない者に財産が渡るなんて、納得がいかない。そこで子供たちは、再婚相手の真意を詮索《せんさく》したのでした。

すると、再婚の目的は波平の財産では、といった疑念が浮かんできたのです。当然、サザエたちが「お父さんの再婚は無効だ！」と騒ぎはじめたのはいうまでもありません。

果たして子供たちが、波平の再婚を無効にすることは可能なのでしょうか？

再婚の有効無効は、当事者の真意に委ねられる

いかに波平が高齢だとはいえ、やはり**結婚は本人の自由な意思に基づく**ため、成年後見人がついていても引き止めることはできないでしょう。たとえ再婚相手が「財産目当て」の思惑を抱いていたとしても、**波平本人の真意が揺るがないのであれば、当然、配偶者としての権利は発生します。つまり、再婚相手も相続権を持つことができる**のです。

サザエたちにすれば、腹立たしいことかもしれませんが、波平の真意が確かで

ある以上はどうすることもできません。

ただし「波平の真意に基づく婚姻ではない」場合は、少し話が変わってきます。

たとえば、最近よく問題となっている「認知症のお年寄りに無理矢理婚姻を迫り、勝手に届け出を出す」といったケースですね。「後妻業《ごさいぎょう》」という言葉もあるくらいです。

一概には言い切れませんが、明らかに真意に基づくものでなければ、家族は婚姻の無効の訴えを家庭裁判所に提起することができます。

いずれにしても、問題となるのは、再婚が当事者（被相続人）の真意に基づくものか否《いな》かという点です。家族としては、年老いた親の再婚は心配な出来事かもしれません。

しかし、端《はな》から猛反対するのではなく、一度耳を傾けて、じっくりと本心を聞いてあげるのも、本来あるべき家族の姿ではないでしょうか。

この人たちは遺産をもらえる??

①胎児

○	もらえる

→「すでに生まれている」とみなされ、出産後に遺産分割の話し合いを行う。死産の場合は相続人になれない

②愛人の子供

△	条件つき

→被相続人の「認知」があれば相続人となる。取り分は実子と同じ。「認知」がないと相続人になれない！

③養子（※婿養子も含む）

○	もらえる

→（普通）養子の場合は、実親・養親の両方の相続人になり、法定相続分も実子と同じ

④ペット

×	もらえない

→動物は相続できない。遺言で面倒をみてくれる人を指定し、世話をすることを条件に託すしかない！

⑤事実婚の相手

△	条件つき

→入籍していなければ、内縁《えんこ》の妻と同じ扱いで相続人にはなれない。裁判所に特別縁故者（次ページ参照）の申し立てを行えば認められるケースはあるが……

⑥懇意の宗教団体（法人）

△	条件つき

→遺言書で指定すれば、財産を個人だけでなく法人にも「遺贈」することができる

遺言書の存在が重要になってくる！

※「特別縁故者」……生前被相続人の世話をしていたなど、被相続人との関係が親密であった間柄の者で、被相続人の死後、残された財産を相続する者がいない場合、その財産の全部または一部を特別縁故者が取得することができます。

特別縁故者になるには、

(1)被相続人と生計を同じくしていた者
(2)被相続人の療養看護に努めた者
(3)その他被相続人と特別の縁故があった者

という条件があります（民法第958条の3第1項）。

第3章

どうなる？
相続承継をめぐる5つの疑問

☆第3章のキーワードは「お金の疑問」です！

被相続人が所有する財産は、原則として相続人が受け継ぐことになります。持ち家、マンション、土地といった不動産関連や現金、株券や有価証券などお金関連のもの。

さらには、借金、未払いの税金などの債務に至るまで相続財産となるので、何らかの手続きをしない限りは、それらもすべて相続人が背負う羽目《はめ》になります。このあたりに関しては、第2章までで何となく概要はつかんでもらえたはずです。

ただ、相続に関する悩みはこれだけではありません！

「故人の預貯金は、誰のもの？」「生命保険金は？」「お墓や仏壇も相続財産なの？」「香典《こうでん》が余れば分割って聞いたけど……？」などなど、実際に相続がはじまってから出てくる疑問点も数多くあります。

そこで本章では「亡くなったあとに、遺族が頭を悩ますお金の疑問」をテーマに、よく相談を受ける5つの疑問を取り上げて、その答えを解説していきます。

もめる要因は、1つだけではない!!

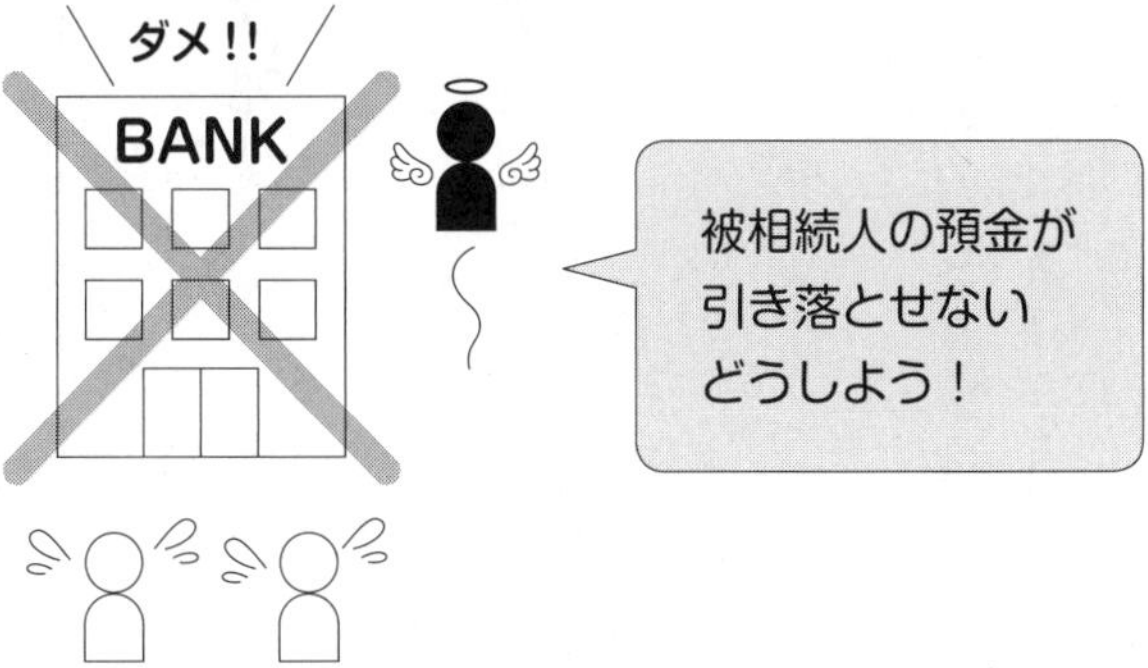

難解度　★★☆☆☆

1 波平の「お墓」や「仏具」は、誰が受け継ぐ？　やはりカツオ？

故人の指定や地域の慣習などで決定する場合が多い

民法上において、先祖代々の系譜（家系図）や祭具（神体、仏像、仏壇）、墳墓《ふんぼ》（お墓など）などは**「祭祀財産《さいしざいさん》」**と呼ばれています。

原則的に、被相続人が所有していた全財産を、相続人が受け継ぐことは、これまでにも説明しました。

しかし**「祭祀財産」は財産的な意味がないとされ、一般の相続財産（現金、預貯金、不動産、債権、債務など）には含まれません。**承継しても法律上は、相続財産の増減につながらないとされているからです。

たとえば、波平が生前にとても高価なお墓や仏壇、仏具を購入していても、フネやサザエ、カツオ、ワカメが相続する相続財産の対象にはなりません。

また「祭祀財産」は、相続人が当然に受け継ぐのではなく**「祭祀《さいし》主宰者《しゅさいしゃ》」**とされる立場の人が承継します。これは、故人の遺体や遺骨も同様です。つまり、波平の遺体や遺骨も、祭祀主宰者が長男のカツオであれば、彼に帰属することになるわけです。

この祭祀主宰者は通常、被相続人の生前の指定や遺言で指定された人がなりますが、指定がない場合は地域や先祖伝来の慣習、または相続人間の話し合いで決定するのが一般的ですね。それすらもないときは、家庭裁判所に調停もしくは審判を申し立てて決めることになります。

なお、祭祀主宰者は「絶対に相続人のなかから決めなくてはいけない」というわけではありません。**相続人以外でもなることはできます。**波平の相続人ではないノリスケやイクラちゃんがなってもかまいません。孫のタラちゃんがなることも可能です。被相続人と深い関係の立場にいる人であれば、祭祀主宰者になることはできます。

仮に相続人のなかの1人が祭祀主宰者になった場合、本来受け継ぐ相続分に何らかの影響はあるのでしょうか。

前述しましたが、祭祀財産は相続財産には含まれないので、相続人が祭祀を承継したからといって、それを理由に**相続分を減らされることはありません。逆もしかりで、相続財産を余分にもらうこともできない**ので注意してください。

一般的に、祭祀主宰者は、その家の長男がなる場合が多く、被相続人が遺言で祭祀承継を含め、他の相続人よりも多くの財産を残すケースが多々あります。祭祀承継には費用がかかることが一般的だからでしょうか。波平が亡くなった場合は、やはり長男のカツオがなる可能性が高いのでしょうね。遺言がない場合は、祭祀主宰者に指定されたからといって、他の相続人に対し、より多くの相続分を主張することまではできません。

なお、祭祀主宰者に指定されたとしても、法律的な義務はありませんので、実際に祭祀を営むかどうかは指定された人の考え次第です。

基本的には「喪主」が、香典や弔慰金の受取人に

香典や弔慰金《ちょういきん》は、葬儀などの際に故人を供養《くよう》する、または遺族を慰《なぐさ》めるための社会的な礼儀としての金銭の贈与を指します。

これらは、**原則として相続財産に含まれない**と考えられており、相続人で分割する対象からも外《はず》されるケースが多いようです。

香典も弔慰金も扱いはほぼ同じで、通常は葬儀費用などにあてられます。これは、戒名料《かいみょうりょう》・火葬・納骨・埋葬といった葬式や、その前後に生じる出費全般のことです。

一般的には「喪主《もしゅ》」が負担することになり、香典や弔慰金から捻出《ねんしゅつ》されます。仮に香典や弔意金などが余ったとしても、相続財産に含まれないので、他の相続人が分割を請求することはできません。**あくまでその処分権は「喪主」の裁量に委《ゆだ》ねられることになります。**

難解度　★★★☆☆

2 フネもサザエも、大慌て！「お父さんの預貯金が下ろせない」

名義人の通帳や印鑑があっても、銀行は応じません

「申し訳ありませんが、この口座の取り扱いはできかねます」

波平の死亡に伴い、彼が預金をしていた最寄《もよ》りの銀行に、フネに頼まれて出向いた長女のサザエ。公共料金の支払いや波平の葬儀費用などに少しでもあてようと、波平名義の預貯金を引き出すために窓口に問い合わせたのだが……。

銀行員から告げられたのは、思いも寄らない言葉だったのです。

「父の通帳も印鑑もここにちゃんと持ってきています。それなのに、下ろせないって、そんなふざけた話がありますか！」

激しく詰め寄るサザエでしたが、銀行員は至って冷静に、

「波平さまがお亡くなりになられた以上は、必要な書類などがすべてそろい、正式な手続きが完了するまでは、いかなる理由でもお受けすることはできません！」

このような返答を繰り返し、サザエの要求にいっさい応じようとはしませんでした。

じつは**銀行や郵便局などの金融機関は、被相続人が死亡した事実を知ると、その時点で被相続人名義の預貯金口座を閉鎖《へいさ》、凍結《とうけつ》します。**これにより、以後の預貯金の入出金や公共料金などの引き落としができなくなります。故人の相続財産を保全し、相続人間のトラブルを未然に防ぐためです。

後述するように、２０１８年7月の相続法改正によって、遺産分割前に相続分の預貯金の一部払い戻しができるようになりましたが（１２２ページ参照）、仮に遺言書が存在しても、名義変更や払い戻し、解約などの正式な手続きがとられていない以上は、引き出せません。遺言書がない場合は、原則として「法定相続

人全員の同意」が必要となります。これが金融機関のルール。

でも、これって知られなければ、大丈夫なのでは？

たしかにそうです。銀行などが被相続人の死亡を知らない限りは、口座は凍結されないので、家族も隠しておいて、ＡＴＭなどで下ろすのもやむを得ない手段かもしれません。

しかし、こうした行為は、あとあと厄介《やっかい》なトラブルの原因になりますので慎《つつし》むべきです。

故人の預貯金を勝手に引き出すような相続人がいるのではないかと心配するならば、被相続人の死亡を金融機関に伝え、預貯金の保全を申し立ててください。

どうしても物入りの場合は、必要な手続きを！

磯野家の大黒柱は波平です。となれば、磯野家の生活費や光熱費などの公共料金の支払いは、波平名義の銀行口座から引き落とされている可能性が高いでしょう。

このような場合、故人の預貯金が凍結されていては、生活に支障を来《きた》してしまいます。

そこで**相続人は銀行に対し、必要な手続きを踏まえて相続人であることを証明し、相続分の預貯金の払い戻しの請求をする**必要があります。ただし、銀行は原則として「法定相続人全員」による払戻請求を求めてきます。

これは、被相続人の財産は、遺産分割の話し合いが終わるまで法定相続人全員が共有するものであり、いくら妻のフネでも、長女のサザエであっても、自由に使えるわけではないからです。また、相続人1人からの払い戻しに応じると、あとあと何らかのトラブルが生じる可能性があると判断するためでもあります。

払い戻しには、以下に挙げる必要な書類などの提出をしなければなりません。

①払い戻し依頼書（※相続人全員の署名および実印の押印《おういん》のあるもの）
②法定相続人全員の印鑑登録証明書
③被相続人の除籍謄本《とうほん》
④被相続人の誕生から死亡までのすべての戸籍謄本

⑤法定相続人全員の戸籍謄本
⑥被相続人の預金通帳および預貯金証書、キャッシュカード、届出印　など

なお、これらの手続きは時間もかかりますし、何よりも面倒です。そのため、当座の生活費や葬儀費用などは、ある程度事前に用意しておく方がよいでしょう。

また、先述のとおり、相続法改正によって、相続人の資金需要に対応できるように、預貯金の払い戻し制度が設けられました。預貯金の一定割合（〈相続開始時の預貯金額［口座・明細基準］×1／3×払い戻しを行う相続人の法定相続分〉で、1つの銀行につき150万円まで）については、家庭裁判所の判断を経ずに銀行の窓口で支払を受けられるようになりました。預貯金に限り、家庭裁判所の仮分割の仮処分の要件も緩和《かんわ》されています。

難解度　★★★★☆

3 相続放棄したサザエ。でも「生命保険金」は受け取れる？

「受取人」の指定次第で状況が一変する

「受取人が、誰になっているか」――。

生命保険金が相続財産になり得るのか否《いな》かは、ここがポイントになってきます。そもそも生命保険は保険会社との契約であり、被保険者の死亡によって、受取人に保険金が支払われます。**大半の保険金は金額が大きいため、相続人としてはその行方が気になる**ところです。相続財産が５００万円程度しかないのに、生命保険金が２０００万円近くもある、といったケースも珍しいことではありません。

もしも、サザエが波平の遺産を「相続放棄」していた場合は、生命保険金を受け取ることは可能なのでしょうか。次ページの図を確認してください。

①のように、受取人が「波平（被相続人）自身」の場合、生命保険金は被相続人の相続財産に含まれるため、相続放棄をしているサザエは受領することができません。一方、②③のように「受取人はサザエ」「受取人は相続人」と指定している場合は、相続財産には含まれず、サザエ（受取人）もしくは相続人の**固有の財産となる**ので、相続放棄とは無関係に受領することができます。波平に多額の借金があっても、この方法によればサザエに財産を残せます。

このように、生命保険金の扱いは複雑で厄介なので、保険会社で契約内容を確認し、その後の手続きなどは専門家に任せた方が無難です。

生命保険金が「特別受益」扱いになることもあるので注意！

前述しましたが、被相続人が、相続人の誰かを生命保険金の受取人に指定していた場合、生命保険金はその受取人の固有の財産ですから、相続財産には含まれ

「生命保険金」は受取人の指定でガラリと変わる

①「被相続人自身」が受取人になっている場合

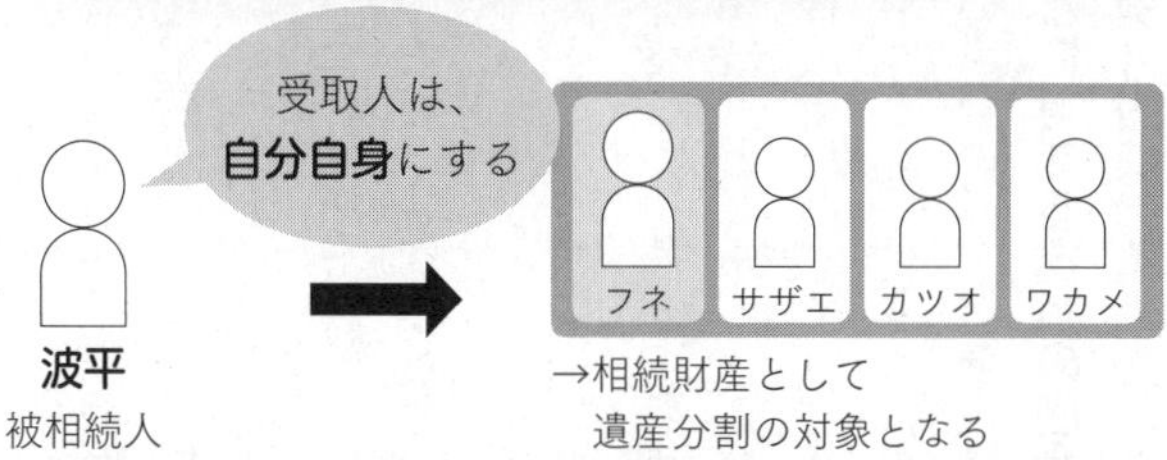

②「特定の誰か」を受取人に指定していた場合

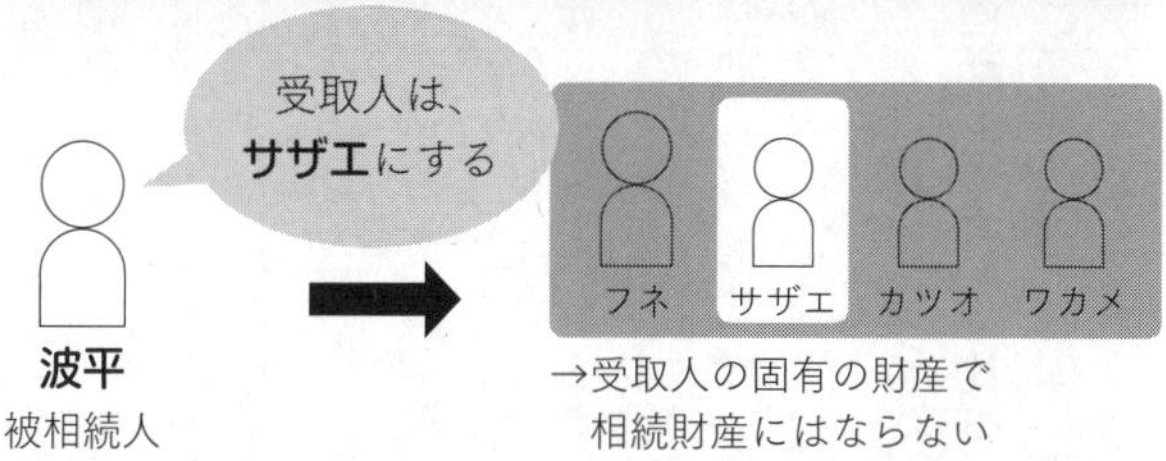

③受取人を「相続人」と指定していた場合

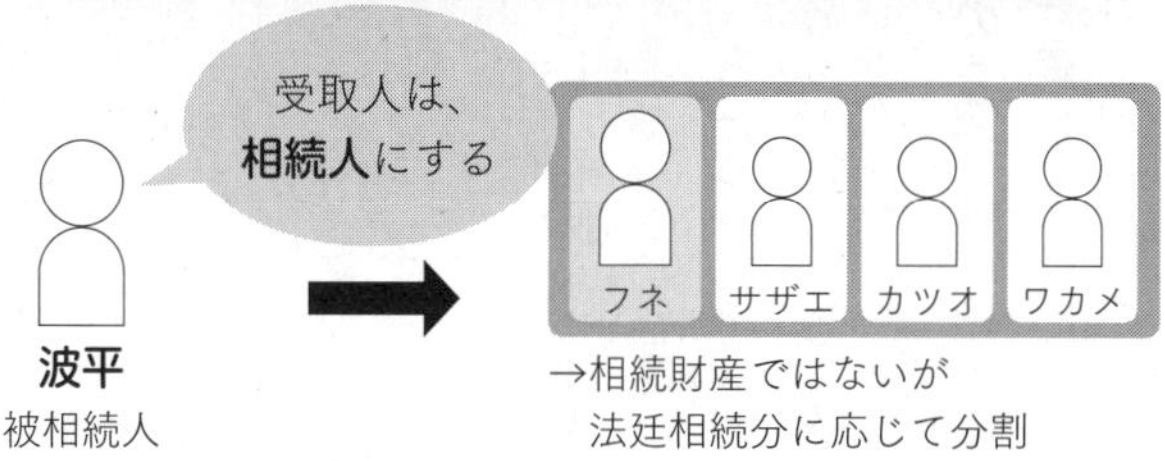

ません。ただし、その受領額は、遺産分割の際に**「特別受益《とくべつじゅえき》」**として、持ち戻し計算の対象になるかどうかが問題になります。

本来被相続人の遺産は、相続人間で法定相続分に従って分割するのが原則ですが、相続人のなかで、特別受益をもらっている人の贈与などを考慮しないで、法定相続分に応じて取得させることは、相続人間の公平感を害することになります。そのため、特別受益分を考慮して計算し、被相続人が死亡時に有していた財産の価値に、特別受益の価値を加えたものを相続財産とみなします。

このようにして計算した相続財産に法定相続分をかけて算出した価値から、生前贈与を受けた分などの特別受益分の価値を差し引いた金額を、特別受益を受けた人の相続分とします。これが「特別受益の持ち戻し」(75ページ参照)です。

生命保険金に関しては、相続財産ではないため持ち戻し計算の対象にはなりません。もっとも、受取人に指定された相続人と他の相続人との間に生じる不公平が著《いちじる》しい場合のみ、**保険金額や遺産総額に占める比率、同居の有無、被相続人の介護などに対する貢献の度合いなどを総合的に考慮して、持ち戻しの対象になることが例外的にある**とされています。

難解度　★★★☆☆

4 波平が在職中に死亡！「死亡退職金」の行方は……？

基本的に、扱いの仕組みは「生命保険金」と似ている

日本の慣習の1つに、長年会社に勤めている人が退職する際に「退職金」なる手当金がもらえることがあります。これとは別に**在職中に労働者が亡くなった場合に、その遺族が会社から給付されるのが「死亡退職金《しぼうたいしょくきん》」**と呼ばれるものです。

死亡退職金には支給規定があり、たとえば国家公務員の場合は国家公務員退職手当法で、地方公務員は条例で、会社員の場合は就業規則などで、それぞれ定められています。これらの規定では、通常、民法の相続規定とは異なり、あくまで遺族の生活保障の観点から、受給権者（受取人）の順序が、**「配偶者（内縁も含**

む）→子供→父母→孫→祖父母→兄弟姉妹」と、なっていることが多いようです。つまり、波平の死亡退職金は、妻のフネ、その子供たちの順序で受給することになります。

では、死亡退職金は相続財産に含まれるのでしょうか。

この扱いに関しては「生命保険金」と似ています。**受給権者（受取人）の指定の有無によって、含まれるか否かが変わってくる**のです。

波平は会社勤めのサラリーマンですから、支給規定は会社の就業規則などに定められていることでしょう。仮に波平が「受給権者（受取人）は、妻のフネとする」と明確に指定していた場合は、フネは相続人としてではなく、受給権者固有の財産として死亡退職金を受給するとされ、これは相続財産には含まれません。

実質的な理由としては、遺族の生活保障を目的とした受給権者の定め方をしていることがあるようです。また、死亡退職金支給規程などにおける支給対象の「遺族」について、内縁の妻などといった法律上の婚姻届は出していないものの、事実上婚姻関係と同様の事情にある人も含まれるとされた事例があります。このような事例を踏まえ、法定相続人以外の人が受給権利者（受取人）になっている場合もあるため、死亡退職金は相続財産には含まれません。

一方、明確に指定されていない場合は、退職金の請求権は死亡した本人が取得することになるため、相続財産に含まれるのが一般的です。

死亡退職金は「特別受益」にあたる場合があります。ただし、この判断は事例によりまちまちなのが実情です。支給を受ける遺族の生活保障を目的とする点から生命保険金に近いと考えて特別受益にあたらない、とする事例もあれば、賃金の後払い的性質を持っており遺産に似ているとして特別受益にあたる、とする審判例もあります。

相続税の対象になるって、知っていました？

被相続人の死亡に伴い、本来被相続人に支給されるべきであった退職手当金、功労金その他これらに準ずる給与を法律上では**「退職《たいしょく》手当金等《てあてきんとう》」**といい、死亡退職金も含まれます。

退職手当金等を遺族が受け取る場合、**被相続人の死亡後3年以内に支給が確定されたもの（※現物支給も含む）は、相続財産とみなされて相続税の対象になります**ので注意してください。この場合、退職手当金等の受取人が、相続放棄した人や相続廃除の人を除いた相続人であるときは、相続により取得したものとみなされます。

ただし、相続人が受け取った退職手当金等は、全額が相続税の対象になるわけではありません。**「500万円×法定相続人の数」で出した非課税限度額以下**であれば相続税も非課税となります。

たとえば、波平が在職中に死亡し、妻のフネやサザエたち3人の子供の合計4人が相続人になった場合「500万円×4人＝2000万円」までは相続税がかかりません。

なお、「法定相続人の数」は、相続放棄した人も相続人の数に含まれます。養子がいる場合は、含める数が制限されます（95ページ参照）ので注意しましょう。

難解度　★★★★☆

5 マスオが不慮の事故死！ 損害賠償も遺産の一部なんです

故人が得た「損害賠償請求権」も遺産扱いになる

愛妻家で知られるマスオが、会社からの帰宅途中に交通事故に遭《あ》ってしまい、半月におよぶ昏睡《こんすい》状態ののち、帰らぬ人となってしまった――。

このような場合、その死亡と同時に被害者本人（マスオ）が**「損害賠償請求権《そんがいばいしょうせいきゅうけん》」**を取得します。ただ、すでに故人ですので、本人が権利を行使することはできないため、相続人（妻のサザエや子供のタラちゃん）が相続することになります。つまり、事故死の場合は、故人の財産だけでなく、**事故によって得た損害賠**

償請求権も相続財産の一部に加えることになるわけです。

これとは別に**「慰謝料請求権《いしゃりょうせいきゅうけん》」**というものがあります。これは**被害者の遺族が加害者に対して、その精神的損害に対する賠償《ばいしょう》として請求できる権利**です。

以前までは、この権利が相続されるかどうかの判断が分かれていました。被害者本人がどれだけの精神的苦痛を受けたのか、請求の意思を有していたかどうかなど、すでに判断ができない場合が多いからです。しかし、現在は損害賠償請求権も慰謝料請求権も相続財産として扱われると判断されています。

規定期間内に権利の行使をしなければ消滅！

前述した「慰謝料請求権」は、被害者の配偶者、父母、子供などにも認められています。被害者が死亡した場合や被害者本人が生命を害されたにも比肩《ひけん》するような精神的苦痛を受けた場合には、近親者にも民法第７０９条、第７１０条に基づいて、自己の権利として損害賠償請求と合わせて慰謝料請求権が認められます。

これは父母、配偶者、子供などの相続人に限らず、被害者と一定の関係がある人にも認められており、内縁の配偶者（婚姻届出をしていない事実婚のパートナー）に慰謝料を認めたケースもあります。

なお、事故などで発生する**損害賠償請求権は、被害者又はその法定代理人、相続人が損害および加害者を知ったときから3年間（人身傷害の場合は5年間）行使しなければ時効によって消滅してしまう**ので注意してください。

第4章

最後の〝ヤマ場〟
遺産分割の話し合い

☆第4章のキーワードは「遺産分割」です！

被相続人が亡くなったことで、その財産は相続人のものになります。相続人がたった1人ならば、特段トラブルは起こらないでしょう。

しかし、複数の相続人がいる場合は「私は、お父さんの土地を受け継ぐ権利があるはずだ」「この現金は、生前おふくろがお前にあげると言っていた」などと、それぞれが自分に都合のいい主張を繰り返すため、なかなか遺産分割の話し合いが成立しません。

故人が遺言書を残していれば、このような醜《みにく》い争いを避けることも可能ですが、自分に間違いなく死期が迫っていると感じていない限りは、なかなか死後の家族のことを真剣に考えようとは思わないのではないでしょうか。結果、もめにもめるのですが……。

そこで本章では「誰が、どの財産を受け継ぐのか」に着目して、そのために必要となる事前準備の説明はもちろん、相続の〝ヤマ場〟ともいえる「遺産分割協議」にも触れていきます。

遺産分割が確定するまでの主な流れ

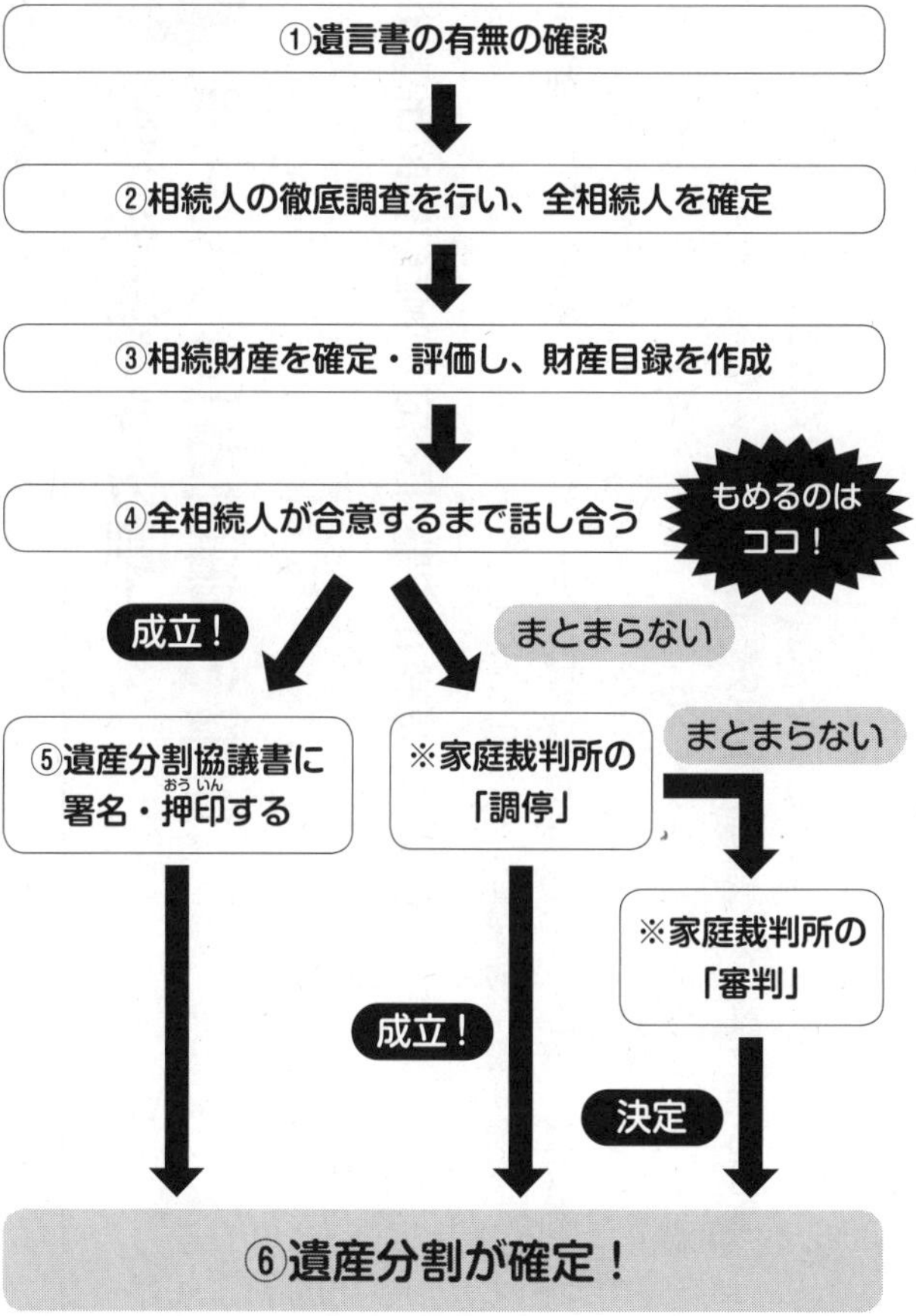
①遺言書の有無の確認
②相続人の徹底調査を行い、全相続人を確定
③相続財産を確定・評価し、財産目録を作成
④全相続人が合意するまで話し合う
もめるのはココ！
成立！
まとまらない
⑤遺産分割協議書に署名・押印《おういん》する
※家庭裁判所の「調停」
まとまらない
※家庭裁判所の「審判」
成立！
決定
⑥遺産分割が確定！

※141ページ参照

難解度　★★☆☆☆

1 波平の遺産を分割！ ポイントは「遺言書」の存在

分割方法は「遺言」「協議」「調停」「審判」の4つ

被相続人の相続財産を各相続人の相続分に応じて、具体的に割り振ることを**「遺産分割《いさんぶんかつ》」**といいます。相続人が1人の場合は必要ありませんが、複数人の場合は、遺産分割をしなくてはいけません。

自動的に相続財産が、相続人たちに適当に割り振られるわけではないのです。

遺産分割を行う方法としては、**①遺言による指定分割、②協議による分割、③調停による分割、④審判による分割、**この4種類があります（140〜141ページの図参照）。

まず、遺言があって分割の内容などの指定もなされている場合は、原則としてその内容に従って遺産分割は行われます（①）。

たとえば、波平が「妻のフネには自宅を、長女のサザエにはマンションと株券を、長男のカツオと次女のワカメには各２００万円の現金を相続させる」と自身の財産の分割内容が遺言で指定されていれば、フネたちは、この内容どおりに遺産分割を進めていくわけです。

一方、遺言による指定がない場合は、相続人全員で協議を行い、具体的な遺産分割を決めることになります。この協議が**「遺産分割協議《いさんぶんかつきょうぎ》」**と呼ばれるものです（②）。

ここで重要なのが**「遺産分割協議は、相続人全員の合意が得られないと成立しない」**ということ。つまり、相続人が1人でも欠けている、もしくは反対している場合は遺産分割協議が成立しないのです。

すんなり協議がまとまれば問題はありませんが、互いの主張を譲らないため、一向に成立しない。相続人が見つからないから話し合いができない、といった場合もあるでしょう。

遺産分割を行う方法は4種類

①遺言による指定分割

被相続人が「遺言」で分割方法を指定する

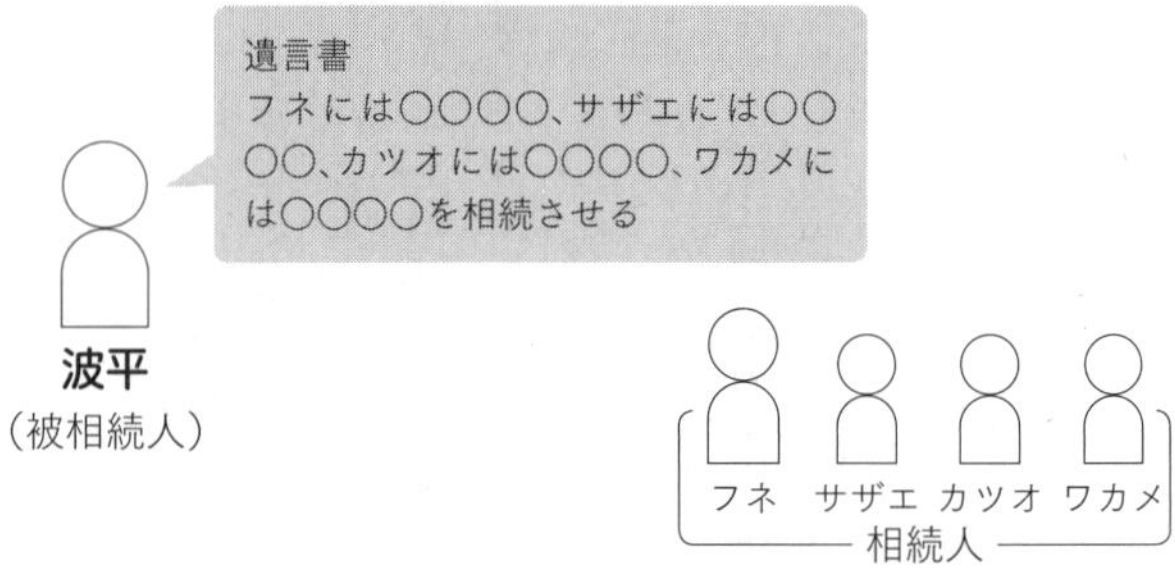

遺言書
フネには○○○○、サザエには○○○○、カツオには○○○○、ワカメには○○○○を相続させる
波平

②協議による分割

相続人の「話し合い」で分割方法を決める

フネ
サザエ
カツオ
ワカメ

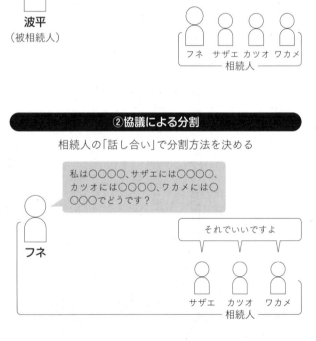

私は○○○○、サザエには○○○○、カツオには○○○○、ワカメには○○○○でどうです？
フネ
それでいいですよ
サザエ
カツオ
ワカメ

③調停による分割

家庭裁判所の「調停」で分割方法を決める（※最終決裁は相続人）

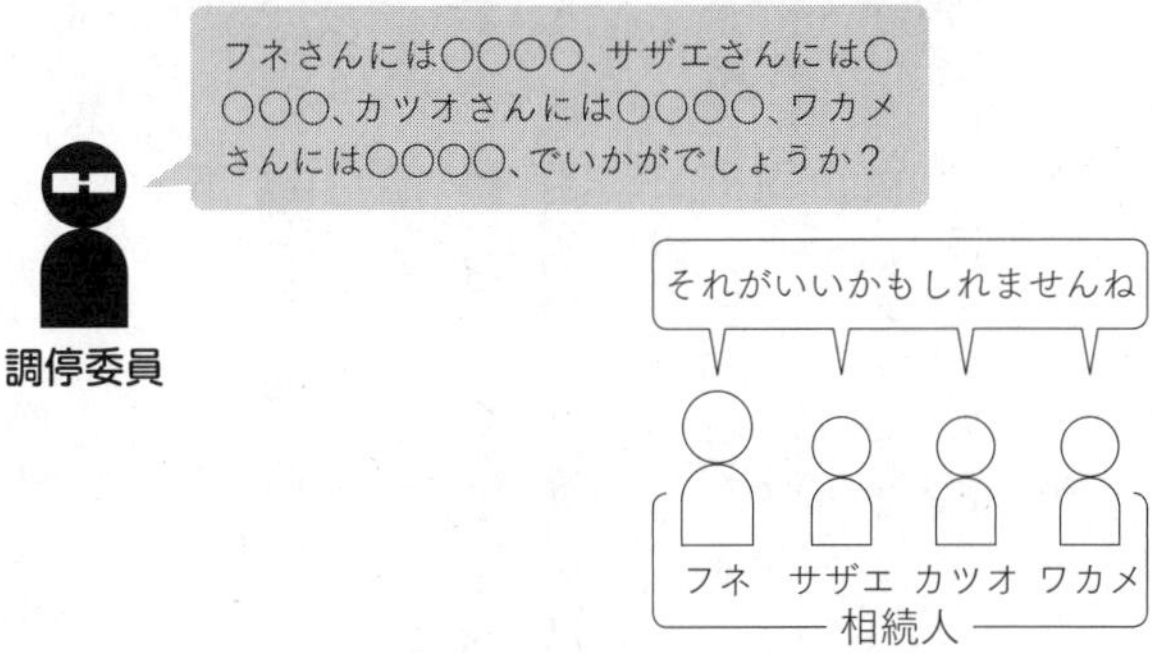
フネさんには○○○○、サザエさんには○○○○、カツオさんには○○○○、ワカメさんには○○○○、でいかがでしょうか？
調停委員
それがいいかもしれませんね
フネ　サザエ　カツオ　ワカメ
相続人

④審判による分割

家庭裁判所の「審判」で分割方法を決める（※最終決裁は裁判官）

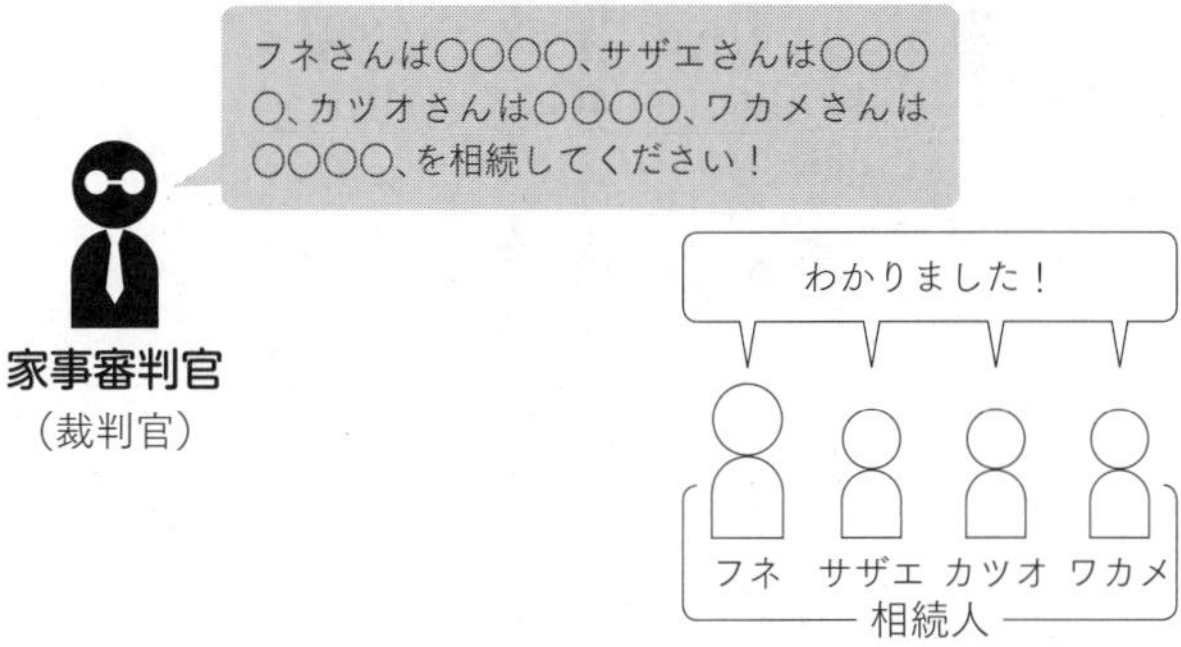
フネさんは○○○○、サザエさんは○○○○、カツオさんは○○○○、ワカメさんは○○○○、を相続してください！
家事審判官
（裁判官）
わかりました！
フネ　サザエ　カツオ　ワカメ
相続人

こうした場合は、家庭裁判所に**「調停《ちょうてい》」**や**「審判《しんぱん》」**を申し立てて、解決することとなります（③④）。

「遺産分割協議」を、もう少し詳しく教えます

前述した遺産分割協議に関して、補足事項です。

この協議では、**話し合いで相続人全員が納得すれば、どのような分割をしてもかまいません。遺言の内容とは違う分割でも、法定相続分とは違う分割でもよい**のです。

波平の相続財産は、法定相続分で考えれば、フネが2分の1を、残りの2分の1を3人のきょうだいで割り振ることになります。ところが全員の合意が得られれば、フネが全財産を相続することも可能なのです。

ただし、協議成立はあくまでも相続人全員の合意が絶対条件。多数決では成立しません。ここはしっかり押さえておいてください。

難解度　★★★★☆

2 磯野家も例外ではない！ 協議前に行う2つのプロセス

相続人の権利を持つ人を徹底的に洗い出す

遺産分割協議を行う前に、相続人の調査と確定をしなければなりません。

自分以外に「誰が相続人にあたるのか」は、もっとも気になることですから、ほとんどの人は把握していると思います。

しかし、あらためて調べてみたら、被相続人に再婚歴があって前配偶者との間に子供がいた、幼いときに養子に出した子供がいた、という具合に、まったく**想定外の相続人が発覚するケースも少なくありません。**

空前の大ベストセラーとなった『磯野家の謎』（飛鳥新社：東京サザエさん学会編）

によれば、フネは波平の後妻ではないかということですが……。真偽のほどはともかく、あの磯野家にも、複雑な事情が存在する可能性は十分に考えられます。

実際、結婚相手の連れ子を父親が養子縁組したあとに離婚。父親と再婚相手との間の子供が、父親の死後にはじめてその養子の存在を知り、想定していたよりも相続人が増えたことで法定相続分に影響が出た、といったケースもあります。

遺産分割協議を行う前には、必ず相続人の調査と確定を行うべきです。

以下に、その手順を簡単に説明します。より詳しい内容や具体的な方法を知りたい場合は、弁護士などの専門家に問い合わせてください。

①被相続人の身分関係に関する調査

まず、被相続人の最後の住所地および死亡年月日を知る必要があります。

最後の住所地は、相続放棄や限定承認などの家事審判を申述《しんじゅつ》する場合に、管轄裁判所を判断するうえで必要です。死亡年月日は、相続開始年月日となり、相続放棄や限定承認の申述時期を判断する場合などに欠かせません。

また、家庭裁判所に遺産分割の調停の申し立てを行う場合も、被相続人の表示として最後の住所地および死亡年月日を記載します。

②相続人および相続分に関する調査・確定

相続人を確定するためには、被相続人の出生時から死亡に至るまでの身分関係の調査を行う必要があります。調査の目的は、以下の2点です。

◎相続資格のある人を、確定すること
◎その相続資格のある人が、現在も生存しているかを確認すること

相続人が確定したら、遺産分割協議の申し入れや遺産分割協議書作成のためにも、相続人全員の住所などの情報をピックアップしてください。

遺産分割における調停を申し立てる場合は、相手方（遺産分割について対立している相手）の住所地を管轄する家庭裁判所となりますので、現住所の情報は必要です。

また、共同相続人のなかに行方不明者や生死不明者などがいる場合は、家庭裁

判所に不在者の財産管理人を選任してもらって遺産分割を行うことになります。

その他にも、被相続人を中心とした「相続関係図」および「相続人リスト」を作成しておくこともおすすめします。相続関係図は、被相続人や相続人などの戸籍謄本《とうほん》で、相続人リストは住民票をもとに作成すると、より正確なものに仕上がるでしょう。

財産が一目でわかる一覧表をつくる

相続人の調査・確定が終了したら、今度は**相続財産の調査**が待っています。被相続人の財産はすべてプラス財産であるとは限りません。マイナス財産が含まれている場合も多いでしょう。そのため、これらの洗い出しを念入りに行って、法的な処理をしないと、ある日突然多額の債務を抱えてしまった、といった最悪の事態を招きかねません。

とはいえ、被相続人の全財産を頭のなかだけで覚えておくことは不可能です。

そこで**「財産目録《ざいさんもくろく》」という一覧表を作成して、書面で明確にしておくことをおすすめします**（次ページ参照）。財産目録の様式は特に決まっていませんが、最低でも資産と負債が一目瞭然《いちもくりょうぜん》にわかるようにしておいた方がよいですね。

なお、遺言で第三者に贈与される内容や、特定の相続人に対して生前に贈与された財産（特別受益）に関しても、漏《も》れなく調査してください。遺産分割を行う際に、これらは遺産の一部として算入されるからです。

財産目録のサンプル例

財産目録

一　不動産

1　土　地

所　在　東京都○○区○○町○丁目

地　番　○○番○

地　目　宅地

地　積　150平方メートル

2　建　物

所　在　東京都○○区○○町○丁目

家屋番号　○○番○

種　類　居宅

構　造　鉄筋コンクリート造瓦葺２階建

床面積　1階　100平方メートル、2階　95平方メートル

二　預貯金

1　金融機関　株式会社○○銀行○○○支店

種　類　普通預金

口座番号　○○○○○

残　高　○○○○円(相続開始日)

2　金融機関　株式会社○○銀行○○○支店

種　類　定期貯金

口座番号　○○○○○

残　高　○○○○円(相続開始日)

三　株　式

1　○○株式会社　○○株

2　第○○回利付国庫債券(証書番号○○○○)　額面○○○○万円

四　その他

難解度　★★☆☆☆

3 カツオも気になる。遺産分割の具体的な方法とは？

「全部分割」と「一部分割」、何が違う？

相続財産の対象となるのは、現金や預貯金といった金銭だけでなく、自宅・土地・車などといったキッチリ均等には分けられないものも含まれます。これらを相続人全員が納得いくようにうまく割り振れるかどうかが、遺産分割の重要なポイントです。

遺産分割の具体的方法には**「現物分割《げんぶつぶんかつ》」「換価分割《かんかぶんかつ》」「代償分割《だいしょうぶんかつ》」**の3つの方法があります。また、この他にも**「全部分割《ぜんぶぶんかつ》」**と**「一部分割《いちぶぶんかつ》」**もあり、遺産分割の方法はきわめて多様だといえるでしょう。

まず、**「全部分割」と「一部分割」**から説明します。

遺産のすべてについて分割を行うことを「全部分割」といいます。遺産の一部のみを分割し、残りはとりあえずそのままにしておくことが「一部分割」です。たとえば、波平が大資産家で、全国各地に不動産を持っていたとします（※不動産以外の遺産はない場合）。この不動産の全部を分割する方法が「全部分割」、関東エリアの不動産だけは分割し、関西エリアは未分割状態のままにしておくのが「一部分割」です。

ただし、**遺産分割を行う際には、一部分割ではなく、全部分割を行うのがもっとも望ましい**と考えられています。一部分割は、残りの遺産について分割問題を残すことになりますし、相続人間に将来のトラブルの種を残すことにもなりかねないからです。また、何度も遺産分割を行うと手続きが煩雑《はんざつ》になることも理由の1つです。

相続人が複数の場合に効果的な３つの分割方法

円滑に遺産分割を行うためには、遺産の内容はもちろん、各相続人の事情も考慮しつつ分割方法を決めなくてはいけません。

以下に挙げる３つは代表的な分割方法です。しっかり学んで、遺産分割協議の際には一番適した方法を選ぶようにしてください。

①現物分割

現物分割とは、**遺産をあるがままの姿で分割する方法**です。

たとえば、波平の不動産はフネに、自動車はサザエに、株券はカツオに、現金はワカメに、といった具合に分けるわけです。

遺産の分割とは、相続財産全体に対する共同相続人の共有状態を解消する手続きですから、それぞれの財産について、その取得者を別々に決定する現物分割は、基本的な分割方法だといえます。

です。

②換価分割

換価分割とは、**遺産を金銭に換価して、その代金を共同相続人で分割する方法**です。

現物分割が不可能な場合や、現物分割では著《いちじる》しく遺産の価値を下げてしまう場合などに行われます。

たとえば、磯野家の自宅の土地をここからここまではフネに、残りはサザエたちに、と現物分割することは土地そのものの価値を損《そこ》なう恐れがあります。

こうした場合に、土地を売却して、お金に換価したものを各相続人に分割する方法を取ります。これが「換価分割」です。

遺産の一部を現物分割し、残りの一部を換価分割するといった2つの分割方法を合わせて行う場合もあります。換価分割を利用することで、現物分割で生じた相続分の過不足を修正することができます。現金があるのとないのとでは、遺産分割もやりやすさが変わってくるわけですね。

相続人が複数の場合の分割方法

①現物分割

相続財産の形を換えないで、そのまま分割する方法

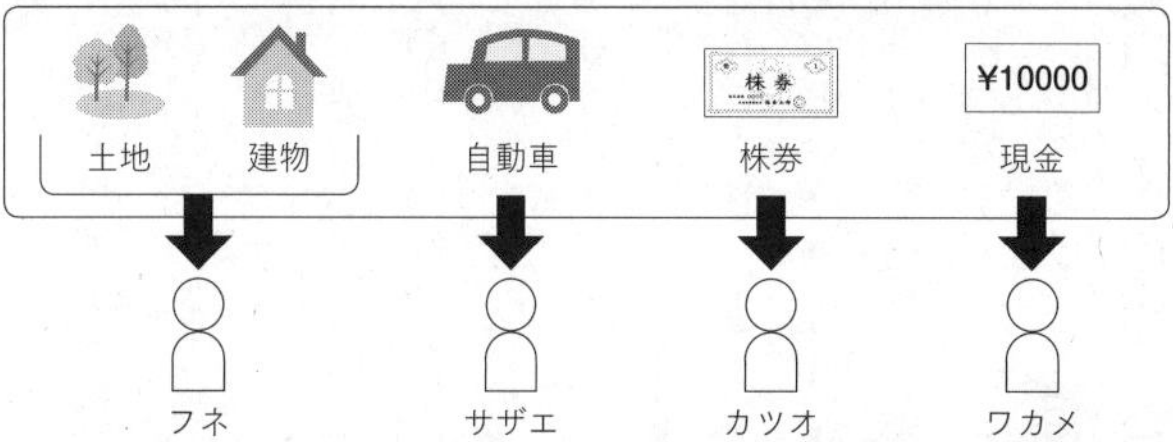

②換価分割

遺産の一部または全部を、金銭に換えて分割する方法

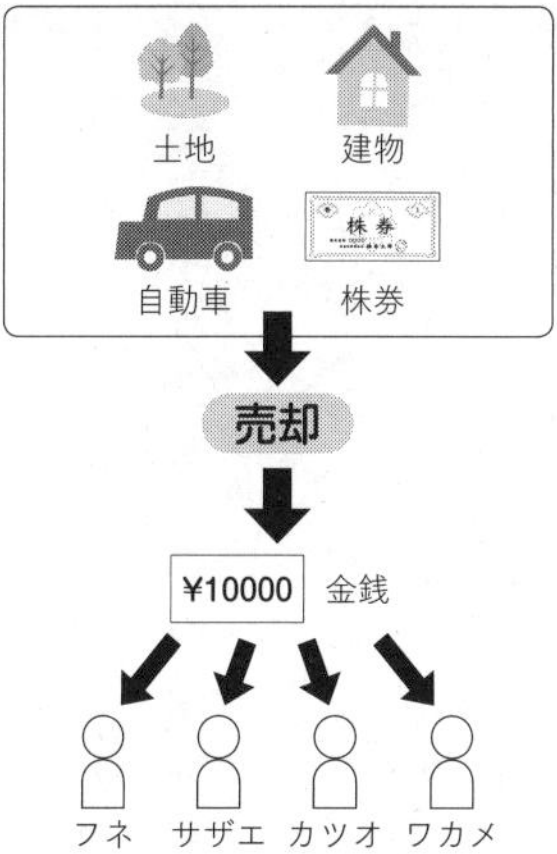

③代償分割

特定の相続人が遺産の現物を取得し、他の相続人に金銭などで支払って過不足を調整する方法

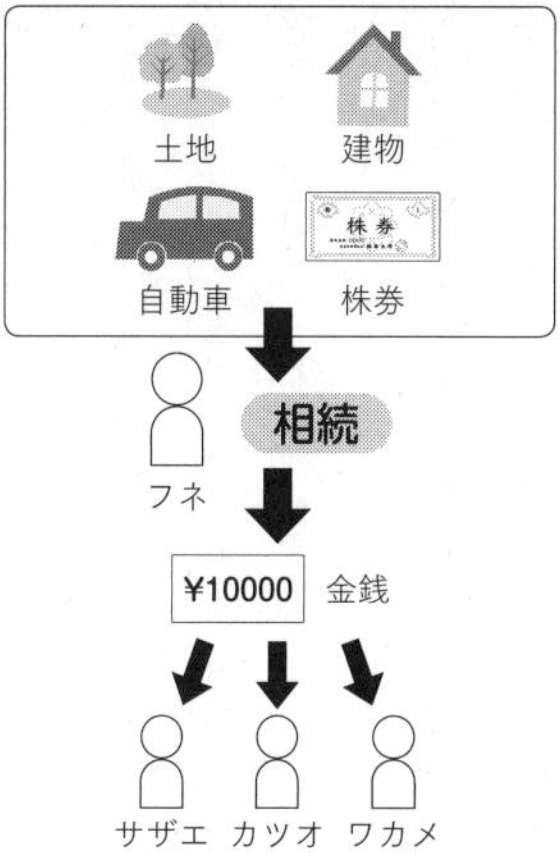

③代償分割

代償分割とは、現物取得することで相続分よりも多くの遺産を取得する相続人が、その他の相続人に対して、**金銭を支払うなどで過不足を調整する分割の方法**です。

たとえば、遺産が住居用の不動産のみで、そこに相続人の1人が生活しており、その人の生活関係の安定を考慮しなければならない場合や、農地・事業用資産といった細分化を避ける必要性が高い場合など、相続財産の種類や性質によっては現物分割が困難である際に利用されます。

波平の亡きあとにサザエ、カツオ、ワカメがそれぞれ独立して家から出ていっている場合もあるでしょう。この場合は、フネが家に住み続ける必要性が高く、他の相続人が実家に戻る可能性もない状態ですから、まずフネが自宅を相続して、その相続分を超過する部分に相当する現金を支払うことで調整します。これが「代償分割」です。

ただし、いずれの場合も**相続分よりも多くの遺産を取得する相続人が、債務を負担する資力（※他の相続人に不足分を支払う資力）が十分でないときは、代償**

分割は適当ではないので、協議時に注意しましょう。

フネが大金を持っていれば問題ありませんが、相続財産のほとんどが不動産である場合には、代償分割は難しくなり、換価分割の方法を取らざるを得なくなります。

難解度　★★★☆☆

4 フネを筆頭に、全員合意！「遺産分割協議書」にまとめる

トラブル回避のためにも作成するのがベスト

磯野家の相続も無事に話し合いで決着がつきそうです。

遺産分割協議が成立すると**「遺《い》産《さん》分《ぶん》割《かつ》協《きょう》議《ぎ》書《しょ》」**を作成します。作成は義務ではありませんが、後日の遺産分割協議の有無や内容に関する**相続人間のムダな争いを避けるためにも書面にまとめておくべき**です。また、相続による不動産の所有権移転登記の添付資料としても、相続税の申告や配偶者控除などを行う際にも、この書類が必要になってきます。

たとえば話し合いで不動産を相続することになったカツオは、遺産分割協議書

がなければ取得した不動産の登記ができません。

いずれにしても、遺産分割協議が成立した場合、その旨《むね》を明確に記した遺産分割協議書を作成しておきましょう。

作成時の署名は「自筆」、押印は「実印」が望ましい

遺産分割協議書の作成は、通常相続人が顔を合わせながら行いますが、合意形成の手段も共同相続人の自由に任されており、電話や手紙などの手段を使って協議を進めることも可能です。文書をつくって持ち回る方法、その他の方法でもかまわないとされています。

たとえば、カツオが地方転勤になって実家にいなくても、ワカメが外国人と結婚して海外に滞在していても、手順さえ踏まえれば作成することは可能なのです。


遺産分割協議書は相続人の数だけ作成し、全員の署名・押印《おういん》をして各自1通ず

つ保管することになっています。

波平が亡くなった場合の磯野家でいえば、フネとサザエ、カツオ、ワカメの4人が相続人になるので、4通用意することになるわけですね。

作成にはとくに決められた様式はありませんので、縦書きでも横書きでも大丈夫ですし、手書きでも、ワープロやパソコンによる作成でも問題ありません。

ただし、遺産分割協議書を作成後に各人が署名・押印をする場合、以下のことに注意してください。

> **①署名は、可能な限り自筆（サイン）で行う**
> **②押印は、必ず実印（印鑑登録印）で行い、印鑑登録証明書を添付する**

自筆（サイン）ができない相続人がいる場合は、遺産分割の内容について本人の意思確認をしたあとに、代理人が代わって署名することもやむを得ませんが、押印は必ず実印で行って、印鑑登録証明書を添付してください。

銀行預金などは、署名・押印（実印）のある遺産分割協議書（印鑑登録証明書添付）だけでなく、各金融機関の所定の書面に各人の自筆による署名や実印による押印を求めてくるのが通例だからです。

なお、財産をまったく相続しない相続人がいる場合でも、その相続人が相続放棄していない限りは署名・押印をします。また、相続人に未成年者がいる場合は、法定代理人もしくは特別代理人が行います（１６２ページ参照）。

金融機関によっては様式が変わる可能性も大！

書類に記す財産の表示に関しては、預貯金は金融機関名（支店名）、種類、口座番号、金額などを、株式は銘柄、株数、額面などを、それぞれ明確に記載してください。

特定の相続人が全遺産を取得するような場合は「すべての遺産」という文言でこと足りるため、個々の遺産を特定・列挙する必要はありません。

遺産分割協議成立後の具体的な手続き（不動産の登記や金融機関での名義変更や払い戻しなど）では、遺産分割協議書の提示を求められます。そのため、財産の特定事項は漏れなく明記し、特定の相続人が取得することを明確に記載しておくべきです。

金融機関などによっては、自社専用の決められた様式の用紙に相続人全員の実印による押印を要求し、一般の遺産分割協議書では預金名義を特定の相続人名義に書き換えることを認めないところがあります。**事前に銀行などに確認し、遺産分割協議書を作成する際に必要書類の作成も同時にすませた方がよい**でしょう。

不動産の表示に関しては、不動産登記簿謄本や登記事項証明書（所在、地番、地目、地積、家屋番号、種類、構造、床面積）のとおりに記載します。

遺産分割協議後に隠れた財産が発見された場合に備えて、具体的にどうやって相続するかについても記載すべきです。波平に隠し財産が発見された場合に、分割方法をめぐってムダなトラブルが発生することは、家族としてもイヤな想いをするだけです。

債務の負担についても、遺産分割協議書に決定事項を明記することを忘れないでください。相続債務は法定相続分に応じて各相続人の分割債務となります。相続人間の話し合いで相続債務のいっさいを相続人の１人が負担することも可能ですが、各相続人は、法定相続分にあたる金額を債権者から請求された場合、拒むことはできません。

たとえば、浪費家のカツオが財産を引き継ぐかわりに波平のいっさいの債務を負担するという約束を、フネとサザメ、カツオ、ワカメが決めたことによって、債権者がカツオにしか請求できなくなることは、債権者にすれば、あまりにもリスクが高いからです。

ところで、もしも遺産分割協議がまとまらなかった場合は、**第三者を頼るしかありません。家庭裁判所に調停、審判を申し立てて、解決を委《ゆだ》ねる**のです。まとまらない状態のままで放置していると、相続税や所得税といった税金問題や故人の預貯金の名義変更、払い戻しの手続きなどに支障を来《きた》しますので注意してください。

難解度 ★★★★☆

5 未成年のカツオやワカメでも遺産分割協議に参加できるの？

相続人が未成年の場合は「代理人」が参加する

波平が今すぐに亡くなった場合、相続人であるカツオやワカメは未成年です。法律行為一般において、未成年の行う法律行為は**親権者（法定代理人《ほうていだいりにん》）**の同意が必要とされています。遺産分割協議も同様で、**法定代理人が未成年に代わって遺産分割を行う**ことになります。

私たちの知っている磯野家の状況で考えると、母親のフネが法定代理人となり、カツオとワカメの2人に代わって遺産分割を行うことになりそうです。

ただし、未成年者もその法定代理人（親権者）も、当該《とうがい》相続の共同相続人であるような場合は、親子が同じ被相続人の遺産を分け合うという点で、**利益相反関係**にあたります。

また、親権者が共同相続人である数人の子供を代理して遺産分割を行うことは、たとえ親権者に不公平にする意図がなくとも、親権者の代理行為の結果、数人の子供の間に利害対立が生じなくとも、利益相反行為にあたるとされています。ここは要注意！

フネは波平が亡くなった場合の共同相続人の1人です。いくらカツオ、ワカメが未成年の相続人であっても、フネが2人の法定代理人になることは同じ被相続人である波平の遺産を分け合うという点で、利益相反関係にあたります。

利益相反関係が成り立つ代理人によってなされた遺産分割協議は原則無効です。ですので**「特別代理人《とくべつだいりにん》」**を家庭裁判所に選任してもらい、この特別代理人が未成年者に代わって遺産分割の手続きを行う必要があります。

特別代理人には、相続人と利害関係のない親族や弁護士などが選任される場合が多いようです。

相続人の1人が認知症の場合は要注意！

波平が亡くなったときに、相続人のフネが認知症になっていたら……。

高齢化が加速する現代では、相続人の1人が認知症のため、遺産分割に関するいっさいの手続きに支障を来《きた》すケースも多いのが実情です。

有効な遺産分割を行うためには、遺産分割の当事者全員すなわち相続人全員が有効に法律行為を行うことができる**「意思能力」と「行為能力」を有していることが必要**になります。

これは裏を返せば、2つの能力が著しく失われている、もしくは乏しいと判断された場合は、いくら成立した遺産分割協議であっても無効になる可能性が高いともいえます。

ただ、**認知症といっても、程度は様々で、すべての人が必ずしも意思能力や行為能力に問題があるとは言い切れません。**そのため、症状はどの程度なのかを医師などの専門家のもとで具体的に確認する必要があります。

また、遺産分割協議においても、法的な対応が求められます。

たとえば、フネが重度の認知症で意思能力がない場合は、遺産分割協議に参加させても、意思無能力を理由に無効とされる可能性が高いはずです。

そこで、遺産分割協議をする前に家庭裁判所に「後見《こうけん》開始の審判」の申し立てをし、フネに対して**「成年後見人《せいねんこうけんにん》」**を選任してもらう必要があります。そのうえで成年後見人が参加して遺産分割協議を行います。

認知症が進行中で意思能力の低下が著しい場合は、家庭裁判所に「保佐《ほさ》開始の審判」の申し立てをし**「保佐人《ほさにん》」**を選任してもらいます。

症状は比較的軽度だが意思能力が不十分の場合は、家庭裁判所に遺産分割の調停を申し立てるのとあわせて**「補助人《ほじょじん》」**の制度を利用することも可能です。

以上のことからも、相続人の誰かが認知症になっている場合は、症状の程度を確認し、それに適した法的な対応をしなくてはいけません。また、どの対応が適しているのかは、相続人だけで決めるのではなく、専門家に相談したうえで決定するのが望ましいでしょう。

難解度　★★★★☆

6 遺産分割協議後のトラブルは多い。磯野家でもありました！

協議後に「認知された子供」が突然現れた

『磯野家の謎・おかわり』（飛鳥新社：東京サザエさん学会編）によれば、波平はうなじのきれいな和服姿の女性に見とれていることが多々あり、厳格なイメージのある波平もやはり世間一般の男性と同じで女性に興味があるのがうかがえる、などとあります。

となると「波平に隠し子がいた！」という仮説も、あながちあり得なくもないことかもしれませんね。

ようやく磯野家の遺産分割協議も何とか終えて、誰もがホッとしていた矢先、まったく見たことも聞いたこともない青年が突然現れ、こう告げたのです。

「ボクの父親は磯野波平です。ちゃんと認知もされています」

愛妻家の波平にまさかの「隠し子」。磯野家全員が驚いたのは無理もありません。

遺産分割協議後に「相続人」を名乗る人が新たに現れた場合、**故人との関係を確認して、本当に相続人になり得るのかを調べる必要があります。**つまり、サザエたちは、彼が本当に波平の子供なのか、戸籍などを入手して調べなくてはいけません。仮に「認知」の事実が判明すれば、波平の子供と認められたわけですから、相続権を得ることになります。

隠し子に相続権が発生した以上は、遺産分割協議はやり直しです。1人でも相続人を無視して行った遺産分割は、無効になってしまうからです。

もしも、サザエたちがその存在を無視して行った場合、隠し子は**「相続回復請《そうぞくかいふくせい》求権《きゅうけん》」**という権利を行使して、遺産分割のやり直しを求めることができます。

この権利には「相続権が侵害された事実を知ったときから5年、相続開始後20

年」といった時効があるので注意してください。

なお、隠し子が認知されていなかった場合は、波平の死亡日から3年以内であれば、認知の訴えを提起して裁判で親子関係を認めてもらうことができます。認知の決定が下りれば隠し子も相続人になり、遺産分割協議に参加することが可能です。

もっとも遺産分割が終了している段階では現物分割をやり直すことが現実的ではないので、波平の死後に認知された隠し子は、全遺産の相続分に応じた価値にあたる金銭的な支払いを求めることになります。遺産を取得済みのフネ、サザエ、カツオ、ワカメは、取得した財産の価値に応じて支払いをします。

協議後に「新たな財産」が出てきた

遺産分割協議において財産目録の把握は重要なのですが、その範囲を完全に把握することは難しく、財産の一部が漏れていることも多々あります。

このような場合は、未分割である新たな財産を分割することで問題がなければば、その遺産のみを分割すれば大丈夫でしょう。

しかし、漏れていた遺産額がかなり大きかったり、把握していれば遺産分割の結果が変わっていたであろう、といった場合には、最初の遺産分割協議は錯誤《さくご》によって無効になるケースがあるので注意！　このあたりのことは、独自に判断するよりも、必ず弁護士などの専門家に問い合わせてください。

新たに出てきた財産が「プラス財産」ならば、厄介《やっかい》なトラブルに発展する可能性は比較的低いといえるのですが……。こういった財産の大半は「マイナス財産」が多い。

故人が家族の知らないところで友人の連帯保証人になっていた、表面上ではわからなかったが、じつはヤミ金に多額の借金があったなど、死んでからポロポロ出てくる厄介事は結構多いのです。

特にヤミ金の場合は、故人の死亡から3カ月間は、まったく音沙汰《おとさた》なし状態をよそおい、3カ月後に突然督促状《とくそくじょう》を送りつけてきます。これは、遺族の悲しみが落ち着くまでといった優しさからではありません。相続人が決まるまで、ジッとスタンバイをして、故人の相続人が正式に決まれば、そこに催促に行くという、彼らの常套手段なのです。

このような点からも、財産目録の作成と把握はもちろん、故人が生前親しかった友人や仕事関係で付き合いのある人などに念入りな聞き込みをしておくべきですね。

協議後に「遺言書の存在」が判明した

遺言書が残されていたことを知らずに、遺産分割協議を行って、成立後に遺言書の存在が判明した、というケースもよくありますね。

出てきた遺言書の内容が有効なものであれば、原則としてその内容が優先されます。いったん遺産分割協議で成立した内容でも、遺言書が出てきた場合はひっくり返ることになるわけです。

もっとも遺言書の内容どおりに従うかどうかは相続人の自由です。仮に相続人全員が、遺言書の存在を知り、その**内容を正しく理解したうえで、全員の同意が得られれば、たとえ遺言書に反する遺産分割協議であっても有効**とみなされます。

たとえば、波平の死後に遺産分割が行われ、協議が成立したものの、ある日突然波平の遺言書が出てきたとしましょう。この場合、遺言書の内容と成立した遺産分割協議の結果が違っていたら、原則的には遺産分割協議のやり直しです。ただし、フネを筆頭に相続人全員の同意を得て、それぞれが納得いく結果であれば、遺言書の内容に反した遺産分割協議でもやり直す必要はありません。

なお、**相続人の1人でも遺言書の内容を理由に、遺産分割協議に異議を唱《とな》えれば、原則として遺産分割はやり直し**となります。

たとえば、遺産分割協議の結果、一番取り分の少ないカツオが不満を持っていたところ、発見された波平の遺言書によって取り分が増えることがわかった――。

当然カツオは、遺産分割協議に異議を唱え、遺産分割のやり直しを求めてくるはずです。フネやサザエ、ワカメたちはそんなカツオに腹立たしさを覚えるかもしれませんが、成立した遺産分割協議の維持には相続人全員の同意が絶対条件である以上、この要求を呑《の》まざるを得ないでしょう。

遺産分割協議書１（相続人の１人が遺産の全部を取得するケース）

遺産分割協議書

被相続人の表示

氏　名	○○　○○
本　籍	東京都○○区○○……
最後の住所	東京都○○区○○……
生年月日	○○年○○月○○日
死亡年月日	○○年○○月○○日

上記被相続人の共同相続人である妻●●●●、長男□□□□および長女■■■■３名は、本日遺産分割協議を行い、次のとおり分割し取得することを合意した。

第１条　相続人●●●●は、被相続人○○○○の遺産をすべて取得する。

第２条　相続人●●●●は、前項の遺産を取得する負担として、被相続人○○○○の債務を弁済し、また本遺産分割に関する一切の費用を支払うものとし、他の相続人に負担させてはならない。

第３条　相続人□□□□および相続人■■■■は、何らの遺産を取得しない。

第４条　本協議書に記載のない遺産および後日発見された遺産の一切は、相続人●●●●が取得する。

以上の遺産分割協議の合意書を証するため、本書３通を作成し、各相続人が署名押印のうえ、各自１通を所持するものとする。

令和○○年○○月○○日

本　籍　東京都○○区○○……
住　所　東京都○○区○○……
生年月日　○○年○○月○○日
相続人　（続柄）●●　●●　㊞

本　籍　東京都○○区○○……
住　所　東京都○○区○○……
生年月日　○○年○○月○○日
相続人　（続柄）□□　□□　㊞

本　籍　東京都○○区○○……
住　所　東京都○○区○○……
生年月日　○○年○○月○○日
相続人　（続柄）■■　■■　㊞

上記はサンプル例です。

遺産分割協議書2（法定相続分どおりに取得するケース）

遺産分割協議書

被相続人の表示

氏　名　○○　○○
本　籍　東京都○○区○○……
最後の住所　東京都○○区○○……
生年月日　○○年○○月○○日
死亡年月日　○○年○○月○○日

上記被相続人の共同相続人である長男□□□□、次男△△△△の２名は、本日、遺産分割協議を行い次のとおり分割し、取得することを合意した。

第１条　相続人全員は、被相続人の遺産が別紙遺産目録記載のとおりであることを確認する。

第２条　相続財産中、下記土地は相続人□□□□、相続人△△△△がそれぞれ２分の１の割合による共有持ち分を取得する。

所　在　東京都○○区○○町○丁目
地　番　○○番○
地　目　宅地
地　積　○○○.○○○㎡

第３条　前条記載の土地以外の遺産は、相続人□□□□、相続人△△△△が、それぞれ各遺産につきそれぞれ２分の１の割合により取得する。

以上の遺産分割協議の合意を証するため、本書２通を作成し、各相続人が署名押印のうえ、各自１通を所持するものとする。

令和○○年○○月○○日

本　籍　東京都○○区○○……
住　所　東京都○○区○○……
生年月日　○○年○○月○○日
相続人　（続柄）□□　□□　㊞

本　籍　東京都○○区○○……
住　所　東京都○○区○○……
生年月日　○○年○○月○○日
相続人　（続柄）△△　△△　㊞

上記はサンプル例です。

第３項　相続人■■■■が取得する遺産

１　○○株式会社　○○株

２　第○○回利付国庫債券(証書番号○○○○)　額面○○○○万円

第２条　債務の負担

相続人□□□□は、前条第１項の遺産を取得する負担として、被相続人○○○○の債務を弁済し、また本遺産分割に関する一切の費用を支払うものとし、他の相続人に負担させてはならない。

第３条　祭祀主宰者は、相続人□□□□が承継する。

以上の遺産分割協議の合意を証するため、本書３通を作成し、各相続人が署名押印のうえ、各自１通を所持するものとする。

令和○○年○○月○○日

本　籍　東京都○○区○○……
住　所　東京都○○区○○……
生年月日　○○年○○月○○日
相続人　(続柄) □□　□□　㊞

本　籍　東京都○○区○○……
住　所　東京都○○区○○……
生年月日　○○年○○月○○日
相続人　(続柄) △△　△△　㊞

本　籍　東京都○○区○○……
住　所　東京都○○区○○……
生年月日　○○年○○月○○日
相続人　(続柄) ■■　■■　㊞

上記はサンプル例です。

遺産分割協議書3（相続人ごとに相続するものが違うケース）

遺産分割協議書

被相続人の表示

氏　名　　○○　○○
本　籍　　東京都○○区○○……
最後の住所　東京都○○区○○……
生年月日　　○○年○○月○○日
死亡年月日　○○年○○月○○日

上記被相続人の遺産について、共同相続人である長男□□□□、次男△△△△および長女■■■■の3名は、本日、遺産分割協議を行い次のとおり分割し、取得することを合意した。

第1条　遺産の分割
第1項　相続人□□□□が取得する遺産
1　土　地
所　在　　東京都○○区○○町○丁目
地　番　　○○番○
地　目　　宅地
地　積　　50平方メートル
2　建　物
所　在　　東京都○○区○○町○丁目
家屋番号　○○番○
種　類　　居宅
構　造　　鉄筋コンクリート造瓦葺2階建
床面積　　1階　100平方メートル、2階　95平方メートル
3　本協議書第1条第2項および同条3項に記載した遺産を除く一切の遺産（後日新たに発見された遺産を含む）

第2項　相続人△△△△が取得する遺産
1　金融機関　株式会社○○銀行○○○支店
種　類　　普通預金
口座番号　○○○○○
残　高　　○○○○円（相続開始日）

2　金融機関　株式会社○○銀行○○○支店
種　類　　定期貯金
口座番号　○○○○○
残　高　　○○○○円（相続開始日）

第5章

家族を守る「遺言書」を今すぐ準備しよう

☆第5章のキーワードは「遺言の必要性」です！

相続の基礎知識から遺産分割について、ひととおり理解ができたところで、今度は遺言の残し方、遺言書の書き方をざっくり見ていくことにしましょう。

まずは、遺言を残す大切さを、しっかりと認識してください。なかでも、相続人以外に財産を残したい、特定の相続人に事業を引き継いでほしいといったケースでは、遺言書を書かない限り、その意思が実現する可能性は非常に低いといえるでしょう。

遺言書には「自筆証書遺言《じひつしょうしょいごん》」「公正証書遺言《こうせいしょうしょいごん》」「秘密証書遺言《ひみつしょうしょいごん》」の3つがあります。遺言の必要性を認識したあとは、それぞれの遺言の特徴や注意点を見ていきます。あわせて、どのように財産をリストアップし、財産目録を作成すれば良いのか、も解説していきます。

早め早めに手を打つ！　これがトラブル回避のポイントです。遺言の作成も同じことがいえます。自分に適している作成方法を見極め、今すぐにでも準備に取りかかることが、結果的に家族を守ることにもつながるのです。

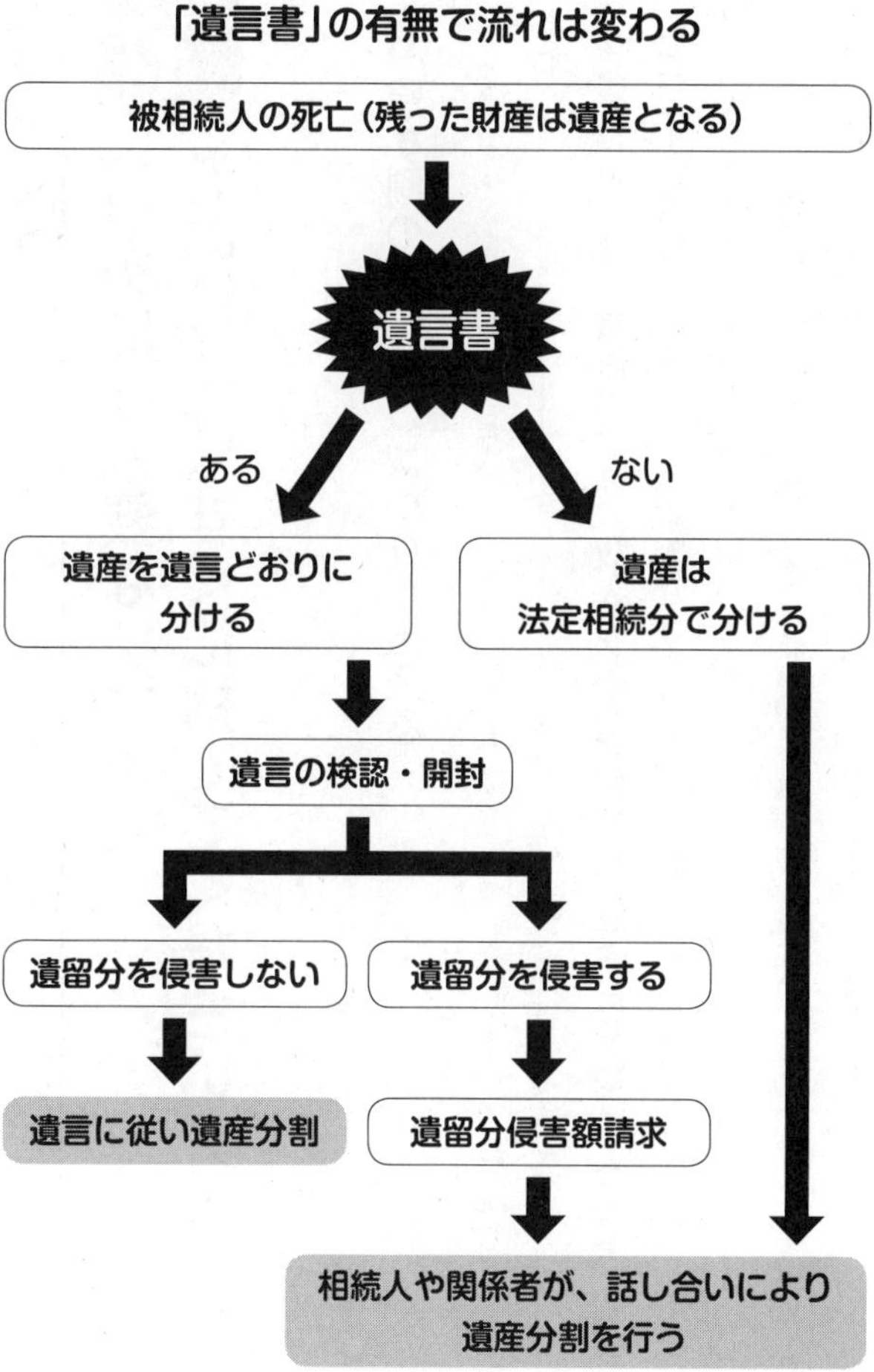
「遺言書」の有無で流れは変わる
被相続人の死亡（残った財産は遺産となる）
遺言書
ある
ない
遺産を遺言どおりに分ける
遺産は法定相続分で分ける
遺言の検認・開封
遺留分を侵害しない
遺留分を侵害する
遺言に従い遺産分割
遺留分侵害額請求
相続人や関係者が、話し合いにより遺産分割を行う

難解度　★★☆☆☆

1 「ウチには必要ない」――。その考えは、すぐに捨ててください

残す側の想いをしっかりと伝える

本章から、遺言の残し方、遺言書の書き方についてわかりやすく解説していきます。

簡潔にいえば**「遺言」とは、故人の意思を整理し、それらを相続人に言い残すこと**です。遺言書を作成する本人だけではなく、将来、遺産を相続する人たちにとっても、非常に重要な役割を担《にな》います。

しかし、誰だって自分の死後を考えるのは気がすすまないものです。それに加えて「自分の家族は大丈夫」という気持ちが働くのでしょう。

「私の死後、相続人である子供たちが、遺産分割でもめることはないと思います。ですから、遺言をわざわざ残す必要がないと考えているのですが……」

「多額の遺産があるならまだしも、私が残せる財産といったらほんのわずか。もめるまでもないと思うのですが……」

このようにおっしゃる人が意外に多いのです。

果たして、本当にそうでしょうか。

たとえわずかな財産であっても、相続する側からすると「もらえるものなら、少しでも多くもらいたい」という心理が働くはずです。どんなに子供たちの仲が良くても、相続時の状況はわかりません。そのとき、お金に困っている状況で、**目の前に無償で手に入る財産があれば、相続争いに発展する可能性は非常に高い**のです。

さらに、第三者の思惑も関わってくるでしょう。

たとえば相続人間で「両親の面倒をみていた兄さんに譲るよ」と納得しても、相続人の夫や妻が「そんなバカな話があるか！」と怒鳴り込んでくるケースが多々あります。

「相続人を信じたい」「自分の家族はなんとかうまくやってくれるはずだ」という気持ちはわかります。しかし、そうした想いがすべての相続人に、必ずしも届くとは限りません。

遺言という形で、自分の意思を文書で整理し、伝えることで、相続人間の無用なトラブルを避けられます。「今、遺言なんて必要がない」と考えている人も、検討してみる価値は十分にあるはずです。

相続人以外の人にも財産を残したいのなら

遺言を残すことで、被相続人は「誰に」「何を相続させたいか」といった自分の意思を伝えることができます。もちろん、遺留分《いりゅうぶん》を侵害しない範囲においてのみ確実に有効となりますが、遺言によって実現できることは意外にたくさんあるのです。

たとえば「この土地と建物は長男にあげたい」「この大切な宝石は長女に持っ

ていて欲しい」というように、相続させる財産の指定ができます。自分の世話をしてくれた次男に、長男より多くの財産を残すように指定することも可能です。

さらに、**相続人以外にも財産を残せます。**事実婚の状態にあるパートナー、介護などで世話になっている長男のお嫁さんなどは相続人にあたりませんが、財産の一部を残したいと考えるのであれば、遺言によって実現することができるのです。

対照的に、遺言がなければ、相続人全員が集まり、法定相続分に従って、どの財産を誰が相続するかを話し合いで決めることになります。相続人のなかには「寄与分《きよぶん》」を求めてくる人もいるでしょうし、具体的な分割の方法がまとまらないこともよくあります。

話し合いがまとまらず、調停や審判で遺産分割を行うことになれば、時間も労力も長期にわたってかかります。精神的な負担は大きいものになるでしょう。相続人間の関係が悪くなったり、疎遠《そえん》になったりすることも考えられます。

遺言を残すことは、遺産分割に関《かか》わるこうした様々なトラブルを回避するうえで重要なのです。

難解度　★★☆☆☆

2 「遺言」と聞いてこんな勘違いをしていませんか？

15歳以上であれば、誰でも書けます

「遺言」と「遺書」を混同しないようにしましょう。

遺書は死を間近にして、自分の感情を中心に綴《つづ》られることが多く、法的効果を意識して書かれるわけではありません。死を前にしてノートに綴った走り書きや手紙などは、遺書に分類されます。

どちらも、家族や関係者などへの〝メッセージ〟という点では同じですが、遺言は財産の相続や処分、子供の認知など、法律的効果を意図して書くものです。

この点が遺言と遺書では大きく異なります。

ちなみに「遺言」ですが、法曹界《ほうそうかい》の慣例で「いごん」と読みます。一般的には「ゆいごん」なので、違和感がありますよね。法律相談などで弁護士が「いごん」と話した場合、「遺言」のことをいっているのかと心の中でうなずきながら聞いてください。

遺言は15歳以上であれば未成年であってもできます。ただし、必ず本人の意思が必要です。強制的に書かされた遺言は効力を持ちません。

また、遺言には「遺言能力」の有無が問われます。遺言能力とは、遺言を単独で有効に行うことができる法律上の地位または資格のことです。遺言書を作成する際に「意思能力（※自らが作成しようとする遺言の内容を正確に理解し、その効力が生じることによる結果を弁識《べんしき》しうるに足りる能力）」がなければ、やはり、遺言は無効になります。遺言を書いても、遺言能力がない状態で書かれたものであるとして、遺言無効確認請求訴訟が相続開始後に提起されることもあります。

遺言者が成年被後見人である場合、原則として遺言はできません。しかし、事理を弁識する能力を一時回復したあとに、医師2人以上の立会いの下で遺言することは可能です。遺言者が被保佐人《ひほさにん》や被補助人《ひほじょにん》である場合、遺言時に遺言能力があれば、保佐人や補助人の同意なく遺言を残すことができます。

遺言者が認知症の場合、その重度によって判断が変わってくるようです。

一概にはいえませんが、それほど重い状態ではなく、自分がしていることを認識できるのであれば、遺言は認められるケースが多いようです。ただし、認知症の進行が激しい場合は、認められないとの判例もあります。遺言無効確認請求訴訟では、遺言作成時の遺言者の遺言能力をめぐって、カルテや診断書などの医学的資料を基に、お互いが争います。

なお、遺言はあくまでも書面にして書くことが求められています。遺言者が遺言内容を話した内容を**テープレコーダーに録音したり、ビデオに撮影したりしたものは、編集による偽造・変更の可能性があるので、法律上、有効な遺言としては取り扱われません。**

「死ぬ前」に書く！　では遅すぎる

「遺言」と聞くと、死期が近づいてきたときに書くものだと思われがちです。

自分はまだ死ぬような年齢ではない、今から自分が死んだあとのことを考えるのは気がすすまない……。

きっと多くの人がこのように考えていることでしょう。年を重ねるごとに財産構成も変化するので、死の直前に書いた方がいいという気持ちもよくわかります。

しかし、**人生には何が起こるかわからない。**いつか書こうと思っていても、認知症になって遺言を残せない状況に陥《おちい》るかもしれません。急病で倒れてしまい、遺言を作成できなくなってしまう可能性だってあるでしょう。

自分の財産を一度整理するといった意味でも、思い立ったそのときにスタートしてみてはいかがでしょうか。近い将来、遺言書を作成しようと考えているならば、今すぐはじめてみるのも悪くはないはずです。

また、退職を迎えたときなどは、これまでの人生を振り返り、第二の人生をスタートさせる意味でも、作成のベストタイミングかもしれません。

難解度　★★☆☆☆

3 こんな場合は、今すぐにでも作成した方がいい

遺言の存在が重要なのは、どんなケース？

ここでは、特に遺言を残した方がよいケースを列挙します。相続時に争いが起こる可能性が高い、法定相続人以外にも遺贈《いぞう》したい、特定の相続人に多くの遺産を分与したい、といったケースでは、遺言を作成することで、様々なトラブルを未然に防ぐことができます。

①兄弟姉妹の仲が悪い場合

兄弟姉妹の仲が悪い場合、かなり高い確率で相続トラブルが発生しやすいとい

えるでしょう。特に注意したいのは、被相続人と一緒に暮らしていた長男（またはその嫁）と、その他の兄弟姉妹の関係です。

法的に長男の特権は認められていませんが、兄弟姉妹間で長男の力が強いケースは多いでしょうし、被相続人の世話をしていればなおさらです。被相続人の死後、多額の遺産相続を主張する長男と、その他の兄弟姉妹間で、遺産分割協議が泥沼化する可能性も十分にあり得ます。

遺産分割の手続きが長引き、相続人間の関係が悪化し、子供たちが疎遠になったりするのはとても悲しいことです。故人の本意でもないでしょう。遺言を残すことで、できるだけスムーズに遺産分割を進められるようにしてください。

②子供がいない場合

子供がいない場合は、配偶者と被相続人の両親が相続人になります（※相続分は、配偶者が３分の２、両親が３分の１）。両親や祖父母が亡くなっている場合は、配偶者が４分の３、兄弟姉妹が４分の１を相続します。兄弟姉妹のなかで、すでに亡くなっている人がいた場合は、甥《おい》や姪《めい》が代襲《だいしゅう》して相続人となります

（44、47ページの図を参照）。

被相続人の配偶者と両親や兄弟姉妹との間にはもともと血のつながりがなく、結婚に反対していたなどの事情があればなおさらもめやすいのです。

遺言があれば、もめることなく遺産を相続させることができます。特に兄弟姉妹、甥や姪には遺留分がありませんので、遺言を残すことによって確実にもめ事を回避することができます。

③先妻、後妻ともに子供がいる場合

先妻は相続人になりませんが、**先妻との間にできた子供は相続人になります。**後妻にも子供がいる場合、すべての子供が相続人となり、法定相続分は同じです。

一概にはいえませんが、こうしたケースでも遺産分割時にトラブルが起こりやすいので、しっかりと遺言を残してください。

また、遺言を残すことで、後妻に現在の住居を相続させたり、特定の子供により多くの遺産を相続させたりすることもできます。

④内縁のパートナーやその人との間に子供がいる場合

内縁のパートナーとは、婚姻届が出されていない事実上のパートナーを指します。内縁のパートナーに相続権はありませんので、たとえ長い間、夫婦と変わらない生活を送ってきたとしても、財産を相続することはできません。**相続人でない内縁のパートナーに財産を残したいときは、生前贈与をするほかに、遺言で遺贈する方法**があります。

内縁のパートナーとの間にできた子供を認知していない場合、子供に相続権はありません。ただし、遺言によってその子供を認知したり、財産を残す（遺贈）ことはできます。

⑤結婚した相手に連れ子がいる場合

養子縁組をしない限り、相続権は発生しません。故人が連れ子を実子と同様に可愛《かわい》がっていたとしても、連れ子が献身的に故人の世話をしたとしても、相続人としては認められませんので、遺産を相続することはできないのです。

したがって、**配偶者の連れ子に財産を残すには、生前に養子縁組を行うか、遺**

言で遺贈を行わなければなりません。

⑥未成年の子供がいる場合

未成年者には親権者（※通常は両親）が必要です。親権者とは、子供の財産を管理したり、教育したり、保護したりする立場の人のことです。

自分が死んだあとに親権者がいなくなる場合、**最後に親権を行う人は、遺言で未成年後見人を指定できます。未成年後見人には親権者と同様の権利義務が与えられます。**

大切な子供の行く末が心配でない人はいないと思います。一番信頼できる人にみてもらえるように、遺言で指定しておきましょう。

遺言によって指定していない場合は、親族などの請求により家庭裁判所が未成年後見人を選任することになります。

⑦相続人が多い場合

相続人が多いケースとは、子供が複数いる場合、代襲相続が発生する場合、被相続人が養子縁組を結んでいた場合などが考えられます。

相続人間の住居地が離れていたり、互いの関係が疎遠である場合、遺産分割の話し合いは困難になり、相続人に負担をかけることが予想されます。**遺言によって、相続分を指定し、同時に遺言執行者《いごんしっこうしゃ》を指定しておきましょう。**

こうしたケースでは、相続人間での調整が困難になることが多いので、弁護士などの専門家を遺言執行者に指定することが望ましいです。

⑧面倒をみてくれた嫁がいる場合

嫁は義理の娘ですが、相続人ではありませんので、財産を相続することはできません。

しかし、嫁が長年にわたって身の回りの世話をしてくれたり、かいがいしく介護してくれたりするケースは、決して少なくありません。寄与分《きよぶん》が認められるようになったとはいえ、こうしたケースでは、**遺言を残すことで世話になった嫁に財産を確実に与えることができます。**

⑨相続させたくない相続人がいる場合

「親不孝息子や面倒をみてくれない養子には、財産をいっさい残したくない」

このように考えたとしても、遺言を残さない限り、遺産は法定相続分に従って相続されることになります。また、相続させたくない相続人の相続分をゼロにする遺言書を書いたとしても、遺留分侵害額請求権が行使されると、遺留分は取り返されます。

遺留分を含めて、すべての相続分を皆無にしようとする場合、「相続廃除《そうぞくはいじょ》」（58ページ参照）によって相続人の権利をなくしてしまう方法があります。

相続廃除は生前にもできますが、遺言によってもできます。遺言で行う場合は、遺言に相続廃除の意思とその理由を書き、遺言執行者を指定します。そして相続開始後に遺言執行者が家庭裁判所に対して相続廃除の申し立てを行います。

ただし、相続廃除が認められるには、家庭裁判所の決定が必要です。これまでの判例では、相続廃除が認められるケースは決して多くありません。

したがって遺言書には、相続廃除が認められなかった場合と認められた場合を想定し、両方の遺産分割方法を明記しておく方がよいですね。

⑩相続人がいない場合

相続人が1人もおらず、特別縁故者《えんこ》さえもいない場合、**遺産は国庫に帰属する**ことになります。このようなケースでも、遺言によってお世話になった友人に財産を残したり、学校や公共団体などへ寄付することは可能です。その場合は、遺言を執行する遺言執行者もあわせて指定する必要があります。

なお**「相続人がいない」と思っていても、戸籍などをくまなく調べてみると見つかるケースがあります。**特別縁故者に相続させることを希望する場合は、しっかり確認しなくてはいけません。

⑪自営業者や農家である場合

自営業や農家の場合、事業用資産は、事業の後継者に相続させる必要があるでしょう。相続人間で財産を分散すると家業が継続できなくなる場合があるからです。

そこで遺言を残し、後継者には事業用資産を中心に他の相続人よりも多く相続させ、その代わりに事業負債を負担させたりする、といった対応が求められます。

また、**事業に貢献した後継者には寄与分を考慮した相続分を指定することも可能**です。

⑫自宅など以外に分ける財産がない場合

相続する財産が自宅など以外にない場合、自宅を売却し、その売却代金を分けるといった事態も考えられます。すると、残された配偶者が住む家に困るケースも出てくるでしょう。

このような場合も**「住居は特定の相続人に残す」などといった内容を遺言書に記せば、特定の相続人に特定の財産を残すことができます。**他の相続人の遺留分にも配慮すべきですが、遺留分以外の全財産を特定の相続人に相続させることもできます。

⑬行方不明の相続人がいる場合

遺産分割協議は、相続人が1人でも欠けていると行うことができません。預貯金の引き出しなどは原則として相続人全員の同意が必要ですから、所在がわからなくて連絡が取れない相続人がいると、引き出しが認められなくなる事態が発生します。

しかし、**遺言によって相続分指定および遺言執行者を指定すれば、遺産分割協議は不要となり、遺言執行者が相続人に代わって遺言どおりに手続きを進めてくれます。** 所在不明の相続人がいても、預貯金の引き出しや登記手続きを行うことができます。

⑭可愛がっているペットの世話が心配な場合

ペットは法律上、〝物〟として扱われるので財産を相続することはできません。

ただし、**遺言によって、特定の人に義務（ペットの世話）を果たしてもらう代わりに財産を贈与（遺贈）することはできます。**「負担付き遺贈」といい、要件は以下の3点です。

◎受遺者《じゅいしゃ》に事前の承諾を得ておく
◎負担は遺贈する財産の範囲内である
◎遺言執行者を選任しておく

負担付き遺贈は放棄できるため、受遺者が拒否することも考えられます。事前に相手の確認をとった方がよいでしょう。負担の範囲は、遺贈を受けた財産の範囲内に限られますので、ペットの世話にかかる費用を見通したうえで、遺贈を考える必要があります。

また、受遺者がちゃんと任務を果たしてくれるかどうかが心配ならば、監視役として遺言執行者を指定しておくと安心です。

⑮遺産内容を把握している相続人がいない場合

必ずしも被相続人の全財産を家族が把握しているとは限りません。

たとえば、預貯金がどの金融機関にどれだけあるか、不動産所有の有無、借金

遺言書の必要性チェックリスト

- □ 兄弟姉妹の仲が悪い
- □ 子供がいない(養子もいない)
- □ 先妻、後妻ともに子供がいる
- □ 内縁のパートナーやその人との間に認知していない子供がいる
- □ 結婚した相手に連れ子がいる
- □ 未成年の子供がいる
- □ 相続人が多い
- □ 面倒をみてくれた嫁がいる
- □ 相続させたくない相続人がいる
- □ 相続人がいない
- □ 自営業者や農家である
- □ 自宅など以外に分ける財産がない
- □ 行方不明の相続人がいる
- □ 可愛がっているペットの世話が心配
- □ 遺産内容を把握している相続人がいない

１つでもあてはまる人は
今すぐ遺言書を作成した方がよい！

はいくらあるのか、など財産の所有状況を一番よくわかっているのは被相続人自身です。

これらは相続開始後に、相続人が調査することはできますが、相続人自身の時間や労力、費用をムダに費やすことになってしまう可能性が大です。もしかしたら、見つけ出すことができない財産もあるかもしれません。

遺言書で財産をしっかり明記することで、こうした事態は回避できます。そのために「財産目録」の作成をおすすめします！

難解度　★★★☆☆

4 民法上、遺言書は、大きく分けて3つの方式がある

「自筆証書遺言」の特徴と注意点

ひと言に「遺言」と言っても、いくつかの方式および種類があります。

ここでは一般的な3つの方式、「自筆《じひつ》証書《しょうしょ》遺言《いごん》」「公正《こうせい》証書《しょうしょ》遺言《いごん》」「秘密《ひみつ》証書《しょうしょ》遺言《いごん》」について説明していきましょう。それぞれに特徴がありますので、遺言者は自分に合った遺言の方式を選ぶことが肝要です。

第6章で詳しく説明しますが、ここでは概略を理解してください。

まずは、自筆証書遺言からです。

自筆証書遺言とは、遺言者が遺言の全文、日付、氏名を自署し、これに押印《おういん》することによって成立する遺言です。**最大の特徴は手軽さ。費用をかけず、いつでも、どこでも遺言者1人だけで簡単に作成できます。**

さらなる利点として、遺言の存在や内容を誰にも知られずに作成できる点が挙げられるでしょう。一度書いた遺言書を書き直したくなった場合、それを破棄するなどし、新しい内容の遺言書を自由に作成することもできます。

もちろん、注意すべき点もあります。自筆証書遺言では、偽造や変造を防ぐために、いくつかの要件が厳格に適用されます。

まず、**遺言の全文、日付、署名のすべてが遺言者の自筆でなければなりません。**ですので、字が書けない人は自筆証書遺言を作成できませんし、遺言者本人が作成したかどうか判別できないため、**ワープロやパソコンでの作成、代筆は認められません。**ただし財産目録はワープロやパソコンでの作成が認められるようになりました。

最初から最後まで一字一句間違えずに、手書きをしなければならないので、多大な労力が必要となります。また、作成日付が重要な要件となり、作成年月日を書き忘れてしまっただけで無効となってしまいます。ここは要注意です！

また、遺言の内容を加除・訂正できますが、その方式も厳格です。遺言者自身が、加除・訂正する場所を指示し、これを変更した旨《むね》を付記してこれに署名し、かつその加除・訂正した場所に印を押さなければなりません。この方式に従って行わない限り効力は生じず、訂正がなかったものとして扱われますので注意してください。

その他の注意点としては、紛失《ふんしつ》したり、発見されなかったりする危険性が挙げられます。遺言書は遺言者自身が保管しておくケースが多いからです。

自筆証書遺言は第三者によって変造・偽造・破棄される恐れがあるため、「生前は発見されづらく」「死後は確実に発見され」「変造が行われない」場所に保管すべきです。

しかし、確実に発見される保証はありません。

そこで、遺言書の存在と保管場所を信頼のおける人に伝えておき、自分の死後、相続人や受遺者などに報告するように依頼しておくのも１つの方法です。

自筆証書遺言の場合は**「検認《けんにん》」**の手続きが必要です。

検認とは、簡潔にいえば、遺言の形状、加除・訂正の状態、日付、署名など、遺言の内容を認定して、遺言書の偽造・変造を防ぐ手続きです。封印された遺言書は家庭裁判所の検認手続のなかで開封され、勝手に開封すると過料《かりょう》の制裁を受けることがあります。こうした手続きが終了するまで1カ月ほど時間を要することから、遺言の内容が実現されない可能性が生じます。たとえば、葬儀に関する希望などを書いていたとしても、遺言書が手元に戻るころには、すでに葬儀は終了していますので、要望どおりにならないケースもあります。

このように自筆証書遺言は、せっかく作成した遺言が無効になったり、紛失したりするケースが多いので、作成および保管方法にはくれぐれも注意しましょう。

2018年7月の相続法改正で新たにはじまった「自筆証書遺言の保管制度」では、法務局で自筆証書遺言を保管してもらうことが可能となり、紛失や破棄のリスクを心配する必要がなくなりました。遺言書の保管について、遺言者が死亡後に、相続人や受遺者、遺言執行者が遺言を閲覧するなどした場合、他の関係者全員に通知されることになっています。

法務局で保管された自筆証書遺言は、検認の手続きが不要です。

法務局で自筆証書遺言を保管する制度

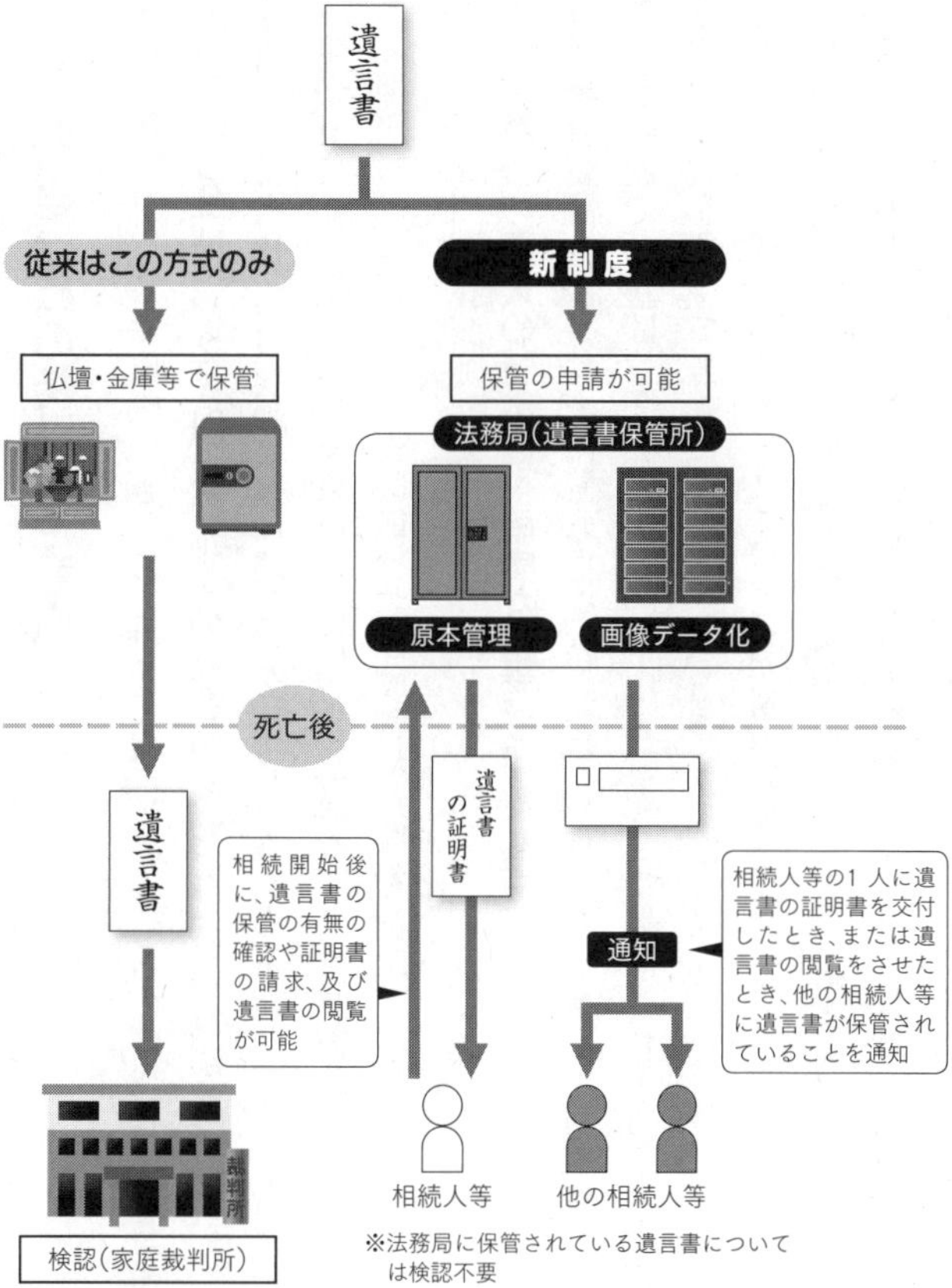

※法務局に保管されている遺言書については検認不要

「公正証書遺言」の特徴と注意点

自筆証書遺言が1人で作成できるのに対し、公正証書遺言の作成は、**公証役場で「公証人《こうしょうにん》」を前に、2人以上の証人の立会いのもとで行われます。**

遺言者は公証人に遺言の趣旨を口述し、公証人はこれを筆記して遺言者・証人に読み聞かせます。遺言者・証人は筆記内容が正確なことを承認したあと、各自が署名・押印し、公証人が方式に従って作成された旨を付記、署名・押印することで成立となります。

公正証書遺言の**最大の特徴は、確実な遺言が可能な点です。**

公証役場の公証人が要件を確認しながら遺言書を作成しますし、遺言者が署名することが困難であれば、公証人がその事由を付記して署名に代えることも可能で、法定の方式を誤って無効になるケースもまずありません。

公証人は遺言書の作成にあたり、遺言者が遺言可能な年齢であること、遺言の意思能力があること、遺言の内容が本人の意思であることを確認したうえで行います。したがって、あとあと遺言自体の有効性が争われる可能性は低くなります。

遺言書の原本は公証役場で保管されますので、第三者による変造・偽造もありません。万が一、遺言者が遺言書の正本《せいほん》もしくは謄本《とうほん》を紛失して、作成したことさえ不明な場合でも、公証役場で遺言書をコンピューターに登録および管理していますので、相続人が検索して遺言の有無を確認すれば、謄本の再発行が可能となります。

もちろん、注意点もあります。

まず、作成時に公証人と２人以上の証人の立会いが必要ですので、遺言書を作成した事実や、その内容が第三者に知られてしまいます。ただし、守秘義務のある弁護士などに証人を依頼すれば、外部に漏《も》れることはありません。

次に、**公証役場の手数料および証人の日当などの費用が必要**となります。

この手数料は、財産を相続する者の人数や遺言の目的物の価額（相続財産の価格）によって決まります（２５１ページ参照）。遺言者が病院などで遺言書を作成したい場合は、公証人の出張も可能ですが、出張費用も別途必要になることを覚えておきましょう。

また、一度作成した公正証書遺言の内容を撤回したい場合などは、原本が公証役場で保管されているため、手元にある遺言書を破棄しただけでは不十分です。あらためて、前の遺言書を撤回する内容の新しい遺言書を作成する必要があります。

「秘密証書遺言」の特徴と注意点

秘密証書遺言の最大の特徴は、**遺言の内容を遺言者以外に知られることなく作成できる**点です。自筆証書遺言も同様ですが、遺言の内容は秘密にする必要があっても、存在自体を秘密にする必要がなければ、遺言の存在を公証してもらう秘密証書遺言方式の方が、偽造などの危険が低くなります。

秘密証書遺言は、**自筆証書遺言と違ってワープロやパソコンを使用したり、代筆による作成も可能なため、比較的簡単に作成できます。自筆での署名と押印は必要**です。

遺言者は遺言書を封筒に入れ、遺言書に押印した印鑑で封印します。そして公証役場に行き、公証人と2人以上の証人の面前で封書を提出し、遺言者であることを申述《しんじゅつ》します。代筆した場合は代筆者の住所、氏名も述べます。

３つの遺言書の方式と特徴

自筆証書遺言

いつでも誰にでもできるもっとも簡単な遺言。遺言者が自分で全文、日付、署名を手書きし、押印する

※紛失や変造などの恐れと方式不備で無効になる恐れがある

証人	不要
印鑑	認印も可
保管	遺言者の保管
検認	必要

公証人が証書の提出された日付と遺言者の申述を封紙に記載したあと、遺言者および証人とともに署名・押印すれば、秘密証書遺言の完成です。公証人の手数料、証人の日当などが必要となりますが、公正証書遺言よりは安価で作成できます。

公証役場で遺言書の保管までは行ってくれませんので、遺言書の紛失・隠匿《いんとく》は防止できません。保管場所については自筆証書遺言と同様、慎重に決める必要があります。検認手続が必要な点も自筆証書遺言と同様です。方式不備で無効になる恐れがあることも自筆証書遺言と同様です。

このため、この方式での遺言書作成はあまり行われていないのが実情ですね。

公正証書遺言

公証役場などで遺言者の口述内容を公証人が公正証書に筆記。遺言者および証人２人の署名・押印と公証人の署名・押印が必要

※費用と手間はかかるが、保管は確実でもっとも安心な方式

証人	２人必要
印鑑	遺言者は実印 証人は認印可
保管	原本は公証役場で保管 遺言者には正本と謄本が交付される
検認	不要

秘密証書遺言

遺言内容を死ぬまで秘密にしたいときに使う方式。遺言者が署名・押印した遺言書を封筒に入れ、同じ印鑑で封印し、公証人、証人の前に提出。自己遺言なので、氏名や住所を申述し、封紙に遺言者、証人２人、公証人が署名・押印する

証人	２人必要
印鑑	認印も可
保管	遺言者の保管
検認	必要

※秘密保持は確実だが、方式不備で無効になる恐れがある

難解度　★★★☆☆

5 遺言書は、何度でも書き直すことができる

生きている間は内容撤回&変更が可能！

遺言者は、すでに書いた遺言書をいつでも、自由な意思で撤回できます。一度書いたとしても、その内容に拘束《こうそく》されることはありません。遺言書を書いたあとに気が変わったり、誤りに気づいたりして、変更したいと思うことはよくあることです。遺言者の最終意思を尊重するという遺言制度の目的から、遺言の撤回は認められているのです。

自筆証書遺言の場合、一番簡単で安全な撤回方法は、遺言書を破棄して新しい遺言書をあらためて作成することです。

訂正が軽微《けいび》であれば加除・訂正も可能ですが、これには厳密なルールがあります。そのため、訂正が多い場合には、再度作成し直す方が安全です。(233ページ参照)、その方式に従って行わないと、無効となる場合がありま

公正証書遺言の場合、遺言書を破棄しただけでは撤回の効力は生じません。遺言者の手元にある公正証書遺言は、正本もしくは謄本であり、原本が公証役場に保存されているからです。そのため、新しい遺言書を作成し、前の遺言書を撤回しなければなりません。

なお、新しい遺言で前の遺言を撤回する際に、前後2通の遺言書が、同じ方式である必要はありません。自筆証書遺言を公正証書遺言で撤回することも可能です。また、どの方式でも、前の遺言書と抵触《ていしょく》する新たな遺言書を作成したり、遺言をしたあとにこれと抵触する生前処分やその他法律行為をしたりすることで、前の遺言書を撤回したものとみなすこともできます。

しかし、自筆証書遺言などでは素人《しろうと》的な文言で書かれていて、どこまで抵触しているか判断が難しいため、あとあとトラブルを起こしかねません。できれば一

度、前の遺言書を撤回もしくは破棄したうえで、新しく遺言書を書いた方が安全ですね。

ちなみに、**第一の遺言を撤回する第二の遺言がさらに撤回されたときは、第一の遺言は復活されません。**復活を認めると、遺言者の意思が不明になることが多いからです。もしも、遺言者が第一の遺言を復活させたい場合、その旨を表示した新たな遺言が必要になります。

あとあとになって、複数の遺言が出てきたら……

複数の遺言が見つかった際、問題になるのは、その内容が**「抵触」**する場合です。抵触とは、前後2通の遺言で同じ事柄について異なる処分をしていることを指します。

遺言内容が抵触する場合、原則として、遺言者が死亡した時点にもっとも近い時期に作成された遺言が効力を持つことになります。遺言は、遺言者の最終意思を尊重すべきものと考えるからです。

前後2通の遺言で同じ事柄について異なる処分をしている場合には、あとの遺言で前の遺言の内容が変更されたとみなされます。

たとえば、遺言者が亡くなる5年前に作成された遺言に「甲不動産をAに遺贈する」とあり、亡くなる1年前に作成された遺言には「甲不動産をBに相続させる」とあれば、新しい遺言によってAに対する遺贈は撤回されたことになります。

ただし、これは抵触する部分についてのみ取り消されただけで、前の遺言のすべてが取り消されるわけではないので注意しましょう。

一方、前後2通の遺言で、異なる事柄について処分している場合は、作成日付が異なる数通の遺言であっても、抵触していないので、どの遺言も効力があることになります。

たとえば、前の遺言で「甲不動産はAに相続させる」とあり、次の遺言書で「乙不動産はBに相続させる」とあれば、どちらも有効となり、Aは甲不動産を、Bは乙不動産をそれぞれ相続することになるのです。

なお、３つの方式の違いによる効力の優劣はありません。先に作成された公正証書遺言と、あとに作成された自筆証書遺言が出てきた場合でも、内容が抵触すれば、作成日付が近い自筆証書遺言が優先されます（※自筆証書遺言が有効なものである場合に限る）。公証人が作成するからといって、公正証書遺言が自筆証書遺言に優先するわけではありません。

難解度　★★★☆☆

6 相続財産をリストアップして「財産目録」を作成しよう

自分の財産を把握する！　これが最初のステップ

生前に財産目録を作成しておけば、相続開始後に、故人の相続財産を調査する必要がありません。相続人間の無用な争いを避けられるので、より円滑に相続が進められます。

また、遺言を残すにあたり、自分の相続財産を把握することは大前提です。財産目録を作成することは、遺言作成の第一歩だといえるでしょう。財産目録と一緒に相続人リストも作成すれば、よりスムーズな相続が可能になります。

相続財産には、預貯金、不動産、有価証券、株券、装飾品など、様々な財産が考えられます。まずはこれらの**財産を片っ端からリストアップ**していきましょう。

ただし、借金、各種ローンなど、マイナスの財産も相続財産の対象になります。あなたが誰かの連帯保証人になっている場合は、その地位も相続人に引き継がれることになりますので、これらも忘れずに記載してください。相続財産を漏れなくリストアップすることが大切です。

リストアップしたあとは、それらの所有状況を整理し、詳しく書いていきます。

たとえば、預貯金であれば、どの金融機関にどれだけあるかを記載します。これらは金融機関ごとの通帳からわかるはずです。不動産であれば、不動産登記簿謄本や登記事項証明書を取り寄せれば正確な情報がわかります。あなたが以前に相続した不動産でまだ名義変更されていないものがある場合、この機会に変更しておくことをおすすめします。

それでは、主な相続財産を挙げて、相続時の注意点についても解説していきましょう。

①預貯金

預貯金は相続の対象になります。

相続人は名義変更や払い戻し請求をして預貯金を承継します。

遺言のなかに、預貯金を特定して、特定の相続人に「相続させる」旨の指定がない場合は、預貯金の名義変更や払い戻しの請求の際に、銀行から遺言書もしくは遺産分割協議書、相続人全員の印鑑登録証明書と住民票、戸籍謄本、被相続人の除籍謄本などの必要書類の提出を要求されます。

②不動産

相続財産のなかで不動産が大きな割合を占めることは多いようです。共同相続人間で均等に分けることが難しく、分割すると価値が下がるケースもあるので、相続争いの中心課題になりやすいですね。

特に相続財産が不動産しかない場合、数人の相続人のうちの１人が遺言で不動産を相続することになると、他の相続人の相続分がなくなる可能性があります。

主たる**遺産が不動産で、それを現物分割するのが困難である場合には「換価分割《かんかぶんかつ》」もしくは「代償分割《だいしょうぶんかつ》」を行うことになる**でしょう（153ページの図参照）。

③借地権・借家権

借地権や借家権は、財産上の権利として相続の対象になります。

借地上の建物や借家に住んでいる相続人は、借地権や借家権の名義人が亡くなった場合でも、借地契約・借家契約をそのまま相続します。被相続人と同居していなかった相続人にも同様の権利があります。

借地権や借家権に関しては、内縁のパートナーが問題になることがあります。内縁のパートナーは相続人にはならないのですが、居住用の借家権に関しては借地借家法の規定によって、相続人がいない場合に限り、内縁のパートナーでも承継できます。ただし、相続人がいて借家権を主張してきた場合には適用されず、話し合いでの解決が必要になります。

なお、借地上の建物を生前贈与や遺贈によって内縁のパートナー名義にすることで、借地権を相続するのと同じ効果を期待できます。地主に対しては、念のために借地権の名義変更料を支払い、名義変更を承諾してもらうと万全です。

④損害賠償請求権

被相続人の**有体財産《ゆうたいざいさん》についての損害賠償請求権は、財産上の権利であり、相続の対象になります。**

⑤事業資産

事業資産については、**株式会社の場合は株式、有限会社の場合は出資の持分が相続の対象になります。**

会社の相続の場合、基本的には株式の名義を書き換えるだけでよく、会社所有の不動産などの名義をいちいち個別に書き換える必要はありません。事業の断絶が起こらないように、相続を簡便に行うことができます。

個人事業の相続は一般の相続と同じです。特許権や実用新案権、意匠権、商標権、電話加入権、不動産、借地権・借家権、自動車、機械設備、動産、債権、債務など、相続財産ごとに個別の手続きが必要です。

商売上の〝のれん〟が相続財産になる、といったちょっと変わったケースもあります。

⑥借金

被相続人が**銀行の債務を負っていたり、連帯保証人になっていたりした場合、こうしたマイナスの財産も相続人が相続することになります。**ただし、債務が過大であるときは、相続人は相続放棄ができます。相続人の1人が相続放棄すると、残りの相続人がその分を負担しなければなりません。相続放棄をしない場合には、法定相続分に沿った債務を負います。

なお建物賃貸借契約で借主が亡くなった場合の連帯保証人の債務には、注意が必要です。

借主が亡くなった場合、相続発生時に連帯保証人の保証債務の元本が確定します。部屋の汚損に対する原状回復義務は相続発生前に存在したものとして、連帯保証人が責任を負います。ただし借主が亡くなっても賃貸借契約自体は終了しません。孤独死などの場合、大家さんが相続人を探して契約解除をするのに時間がかかりますが、その間の家賃は元本確定後に発生した債務です。借主の相続人には請求できますが、連帯保証人には請求できません。

⑦生命保険金

保険金請求権は、**誰が保険金の「受取人」かによって、相続財産かどうかが決まります。**

保険金の受取人が「被相続人」自身の場合は、相続財産となります。保険契約上の権利は被相続人の財産で、保険金請求権は相続財産として遺産分割の対象となります。

一方、受取人として「特定の相続人」を指定した場合は、相続財産とはなりません。保険金請求権は保険契約の効力発生と同時に、受取人として指定された相続人の固有の財産となるからです。また、受取人が「法定相続人」などと指定されている場合にも、相続財産とはなりません。保険金請求権の発生当時の相続人が、法定相続分に従って保険金請求権を自動的に取得することになるからです（125ページの図参照）。

保険金請求権が相続財産の対象にならない場合は、相続放棄をしていても保険金を受け取ることができますし、保険金を受け取ったあとに相続放棄をすることも可能です。

⑧公営住宅の使用権

公営住宅の使用権は、通常の賃借権《たいしゃくけん》とは異なります。

公営住宅は入居者の入居資格を審査したうえで、その人の生活のために入居を認めるものなので、**当然に相続できるものではありません。**相続人が再度、入居資格を審査されて、条件を満たせば引き続き居住することができるようになります。

⑨墓地・位牌《いはい》などの祭祀《さいし》承継

系譜、祭具、墳墓などは、祭祀財産ですので相続財産には含まれません。

通常は、被相続人によって、生前および遺言で指定された人が祭祀財産を承継します。遺言で指定がない場合は、それまでの慣習に従って引き継がれます。慣習もない場合は、家庭裁判所に調停または審判を申し立てて決めることになります。

祭祀財産を承継しても、法律上は相続財産の増減にはつながりません。

被相続人が祭祀主宰者の指定と合わせて祭祀費用相当額を遺贈することもできます。

第6章

ここに注意！
「遺言」の書き方&決まり事

☆第6章のキーワードは「遺言の決まり事」です！

ここまで本書を読み進めていただきまして、ありがとうございます。
いよいよ本書も最終章。最後に紹介するのは、具体的な遺言の作成方法です。
第5章で紹介した遺言のうち、作成頻度がとても高い「自筆証書遺言《じひつしょうしょいごん》」「公正《こうせい》証書遺言」について、再度復習の意味も込めて、特徴などを説明します。また、それらの詳しい作成手順も解説していきます。遺言が有効であると認められるための要件、表記方法、さらには一度書いた遺言を訂正・撤回する方法など、図を交えながらわかりやすく解説します。

時間をかけて作成した遺言が、表記などに不備があり、実現されないようでは、悔《く》やんでも悔やみきれません。法的にきちんと認められ、しっかりと被相続人の意思を反映する遺言作成のポイントをつかんでください！

遺言は、いつでも作成し直すことができます。遺言を作成しながら現在の自分の意思を確認し、その意思に変化があったときには、書き直せばいいのです。

あまり深く考えすぎず、この機会にチャレンジされてみてはいかがでしょうか。

「遺言」、ここがよくわかりません！

公正証書遺言の
注意点は、どこ？
自筆証書遺言の
落とし穴とは？
遺言って一度書いたら
変更はできない？
よく
わからない！
遺言執行者《いごんしつこうしゃ》？
誰のこと？
遺言書

難解度　★★★☆☆

1 とにかくトラブルが多い！「自筆証書遺言」の〝落とし穴〟

再確認！ 自筆証書遺言の利点&注意点

復習の意味も込めて、遺言の作成方法を、それぞれの方式ごとに再確認していきます。

まずは、もっとも基本的な方式である「自筆証書遺言」です。

自筆証書遺言は、**いつでもどこでも簡単に作成できます。必要なのは紙とペンと印鑑**だけです。費用をかけずに、自分だけで作成したい人に向いています。

ただし、もっとも手軽にできる反面、注意点が多いのも事実です。自筆証書遺言を選ぶ人は、利点だけでなく注意点についても理解を深める必要があります。

自筆証書遺言の利点&注意点

利　点

・証人が不要なため1人で作成できる
・遺言したことも、その内容も、秘密にしておける
・自分だけで作成するので、費用がほとんどかからない　など

注意点

・ワープロやパソコンなどで作成ができない(財産目録を除く)
・要件を満たさない遺言は、無効になる危険性がある
・第三者によって変造・偽造される可能性が高い
・遺言書の紛失が多い
・遺言書の「検認」手続きが必要となる　など

自筆証書遺言を作成する際の注意点

次は、自筆証書遺言を作成するにあたって注意すべき点の説明です。

自筆証書遺言は、法律で定められている要件を満たしていないと無効になります。その要件を簡潔にまとめると、以下のようになります。

◎全文（財産目録を除く）が手書き（自筆）であること
◎日付を入れること
◎署名・押印《おういん》があること

自筆証書遺言は、遺言者が遺言書の全文を自筆で書くことが絶対要件です。日付、署名も含め、**すべて遺言者の自筆でなければなりません。**

自筆証書遺言の場合、公正証書遺言とは異なり、それが本人の遺言書かどうかを証明する手段がありません。

そこで、間違いなく遺言者本人が書いたことを明確にするために、自署性が厳格に要求されます。財産目録を除いて、ワープロやパソコンを使って作成された遺言書は効力がありません。USBなどに遺言の内容が入った状態はもちろんのこと、プリントアウトしてあっても無効です。

財産目録については法改正により、自書しなくてもよいことになりました。ただし財産目録の各ページには、署名・押印をする必要があります。押印は本文で用いる印鑑とは異なるものを用いてもよいとされていますが、偽造などを疑われる可能性があるので同一のものを用いたほうが無難です。遺言書の一体性を明らかにするために、本文と財産目録とをホッチキスなどでとじたり、契印《けいいん》したりするほうが望ましいです。財産目録は形式自由です。土地について登記簿謄本や登記事項証明書を財産目録として添付することや、預貯金について通帳の写しを添付することもできます。

遺言者が病気やけがなどで、字が書けない状態であったとしても、自筆の要件は変わりません。字が書けない場合は、遺言書の全文を自筆する必要のない公正証書遺言（242ページ以降を参照）を作成すればよいからです。

あいまいな表現を避けて、明確に！

繰り返しますが、自筆証書遺言は自筆で作成する必要がありますので、下書きを読み返し、完全なものに仕上げてから清書しましょう。もちろん下書きであればワープロやパソコンで作成してもかまいません。

また、遺言の内容を自筆する際には、あいまいな表現を避けて、誰が見ても、わかる表現を心掛けてください。

たとえば「左記建物を長女○○に使わせる」と書いたとします。「使わせる」という表現では、所有権を譲渡するのか使用貸借の権利を与えるのかが明確になりません。

同様の理由で「管理させる」「まかせる」などの表現も避けるべきです。不動産を**相続させる際には「相続させる」、遺贈《いぞう》するときには「遺贈する」と明記する**ようにします。

文言《もんごん》によって相続人の相続後の手続きが変わってくることもあります。こうした文言の表現にも十分注意を払ってください。

遺言を訂正する際の注意点

すべて自筆で書かなくてはいけない自筆証書遺言を、一字一句間違いなく書くのはとても大変です。誤って書いてしまい、そのつど遺言をはじめから書き直す、となれば大変な苦労です。そこで、遺言に間違いを見つけた場合は、訂正・変更が認められています。

ただし、遺言書の偽造・変造を防ぐために、極めて厳格な方式に従って行う必要がありますので注意してください。方式に従わない場合、たとえ訂正しても、訂正そのものが無効として扱われます。

《訂正の仕方》

①訂正箇所を二重線で消す

②訂正箇所に押印する
③訂正後の正しい文言を記載する
④余白に訂正した箇所と字数を付記する
⑤訂正した字数の脇に署名する

なお、訂正が広範囲で詳細な内容に及ぶ場合には、いったん遺言を撤回して、新たに遺言書を書き直す方がよい場合もあります。

正確な方法については、弁護士などの専門家に相談することをおすすめします。

遺言書を保管する際の注意点

遺言書はそこに書かれている内容によって、得をしたり、損をしたりする相続人が出てきます。相続人以外の人に遺贈する内容が書かれていることもあり、遺言書はとてもデリケートなものです。また、遺言書を発見されやすい場所に保管すると、相続に関《かか》わる誰かに見つけられて、偽造・変造される危険があるでしょう。

そこで、遺言書は他人の目に触れないところに保管する必要があります。しかし、あまりにも発見されにくいところに保管すると、逆に紛失しかねませんし、遺言者が死亡したときに誰にも発見されない恐れもあります。

遺言書の保管場所や保管方法は、遺言書の存在を人に明かすかどうかといった問題にも関わってきます。遺言書の存在を他人に知らせない場合は、死後に直《ただ》ちに見つかる場所に保管する必要があります。

たとえば、**銀行の貸金庫は最適な保管場所です。ただし、貸金庫の開扉《かいひ》は相続人だけで行いますので、相続人以外の人へ遺贈する遺言書の場合には注意が必要**です。

遺言書を確実に見つけてもらうには、信頼のおける人に話しておくのが一番です。遺言の存在、保管場所を伝えておき、自分の死後に相続人や遺贈した人などに報告するように依頼します。弁護士に保管を依頼したうえ、遺言書でその弁護士を遺言執行者に指定しておくのは、確実な方法の1つです。

新たに創設された自筆証書遺言の保管制度によって、法務局で自筆証書遺言を保管してもらうことが可能となりました。法務局では遺言の原本を保管するだけでなく、その内容を画像データにして保存します。遺言書をデータ化することで、相続発生後に相続人が遺言書の有無や内容を確認することができます（205ページの図参照）。

法務局で保管してもらった自筆証書遺言は、次に説明する相続発生後の検認《けんにん》の手続きが不要となり、相続手続きがスムーズに進められます。

遺言書の「検認」手続きについて

最後に、自筆証書遺言の「検認《けんにん》」手続きについて詳しく説明しましょう。

204ページでも触れましたが、**自筆証書遺言は、法務局で保管してもらったものを除き、必ず検認手続きが必要**です。検認手続きでは、相続人に遺言書の存在と内容を知らせるとともに、遺言の形状、加除・訂正の状態、日付、署名など検認の日現在における遺言書の状態を明確にします。つまり、こうした手続きをすることで、遺言書の存在と内容を認定し、同時に、遺言書の偽造・変造を防ぐわけです。相続開始後に相続人などが行うものですから、遺言者の手を煩《わずら》わせるものではありません。

検認手続きは、遺言書の保管人もしくは、保管人がいない場合は遺言書を発見した相続人が、家庭裁判所に申し立てる必要があります。

通常、**検認手続きが完了するまでに１カ月ほどかかります。**自筆証書遺言の内容を実現するには検認手続きが不可欠で、この手続きを経ていない遺言書に基づいて不動産を登記しようとしても、登記所では受け付けてもらえません。

ここまで駆《か》け足で自筆証書遺言の作成方法とその注意点を見てきました。次ページから自筆証書遺言の作成手順をまとめましたので参考にしてください。

最後にもう１つ、**自筆証書遺言が完成したら、弁護士などの専門家に必ず確認してもらいましょう。**遺言者は問題ないと思っていても、記載が不十分で遺言が無効になってしまうケースが多々あります。また、遺言書を書き直した場合、古い遺言書は紛《まぎ》らわしいので、ムダな争いを起こさないためにも、最新の遺言書の冒頭で以前の遺言をすべて撤回する旨《むね》を書き記して、古い遺言書を破棄した方がよいでしょう。

【自筆証書遺言】の作成の流れ

①遺言書の内容を決定

↓

②文例を参考にして、下書きを作成

↓

③紙、ペン、印鑑、封筒を用意

↓

④遺言書を書く

↓

⑤日付、署名・押印

↓

⑥間違いがないかを確認

↓

⑦遺言書をとじる

↓

⑧封筒に入れ、封印

↓

⑨自筆証書遺言の保管

【自筆証書遺言】の作成における注意点

①遺言書の内容を決定

◎「誰に」「何を」「どれだけ残すのか」、遺言の内容を決める。

②文例を参考にして、下書きを作成

◎自筆証書遺言は自筆で作成する必要があるので、下書きを読み返し、完全な状態にしたうえで清書する。下書きはワープロやパソコンで作成しても大丈夫。

◎「左記建物を長女○○に使わせる」という表現に関しては、「使わせる」という表現では、所有権を譲渡するのか使用貸借の権利を与えるのかが明確にならない。「管理させる」「まかせる」などの表現も不明確なので避ける。「相続させる」「遺贈する」のどちらかの表現を使用する。

◎文言によって、相続人の相続後の手続きが変わってくることもあるので注意！

③紙、ペン、印鑑、封筒を用意

◎遺言書はどのような紙を使用してもよい。広告紙の裏に書いても有効だが、下書きの原稿であると判断される恐れがあるので避ける。丈夫な和紙などが確実。

◎筆記具はボールペン、サインペン、万年筆、筆など何でもかまわないが、鉛筆は変造される危険性が高いので避ける。

◎印鑑は認印でも可能だが、できれば実印の方が望ましい。

④遺言書を書く

◎「遺言書」としての表題がなくても遺言書として有効。

◎すべて自筆で書き、ワープロやパソコンでの作成、代筆は禁止！（財産目録はワープロやパソコンも可）書き方は縦書き・横書きのどちらでも問題なし。

◎数字の書き方は、アラビア数字でも漢数字でもどちらでもよいが、不動産の表示や金額の数字については、変造を避けるために「壱、弐、参、……拾」などの多画漢数字を使用した方がよい。

⑤日付、署名・押印

◎遺言の最後には日付を記載して署名をする。日付（年月日）のない遺言書は無効。日付は具体的な日時で記載する必要があり「○月吉日」という書き方では無効となる。

◎最後に署名・押印をする。署名は必ず遺言者が自署する。代筆された遺言書は無効！

◎なお「遺言者　甲野太郎　遺言者　甲野花子」などと２人以上の者が共同で１通の遺言書として書かれたものは無効。夫婦でも別々に書かなくてはいけない。

⑥間違いがないかを確認

◎訂正箇所があれば、訂正もしくはすべて最初から書き直す。訂正方法が間違っていれば、遺言書が無効になる場合も……。

⑦遺言書をとじる

◎遺言書が複数枚にわたるときは、法律上の決まりはないが、ホチキスかのりでとじ、ページ番号を振り、契印を押す。バラバラになったり、別の紙を他の人に差し込まれないようにするため。

⑧封筒に入れ、封印

◎保管の形態は特に決まっていない。封筒に入れる必要もないが、書き終えたら遺言書を封筒に入れ、のりづけし、封筒の表に「遺言書」と書くのが一般的。なお、封印も必ずしも必要ではない。

⑨自筆証書遺言の保管

◎保管場所を検討する（法務局など）。保管者（弁護士などの専門家）に依頼をする。

難解度　★★★☆☆

2 時間とコストはかかるが、安全性確実！「公正証書遺言」

再確認！　公正証書遺言の利点&注意点

確実な遺言を行いたい人には公正証書遺言をおすすめします。もっとも安心・確実な遺言の方式です。公証人《こうしょうにん》が要件を確認しながら作成するため、自筆証書遺言のように**作成時に不備が発生したり、無効となる危険性はほとんどない**といえるでしょう。

公正証書遺言以外では、相続の開始後、家庭裁判所に遅滞《ちたい》なく検認を請求する必要がありますが、公正証書遺言では不要です。

したがって、相続発生後にすぐに相続手続きに入ることができます。公正証書

公正証書遺言の利点&注意点

利　点

- 要件不備の不安がなく、確実な遺言を行うことができる
- 第三者によって変造・偽造される危険性が極めて低い
- 字が書けない人も利用できる
- 遺言書の「検認」手続きは必要なし　など

注意点

- 公証役場の手数料および証人の日当などの費用が必要となる
- 遺言の存否および内容が第三者（公証人・証人）に知られてしまう　など

遺言は、２人以上の証人の立会いのもと、公証人によって遺言者の意思を確認しながら作成されるので、遺言の効力が問題となる可能性が少ないからです。

なお、前述しましたが、公正証書遺言の注意点は、他の方式の遺言書と比較したときに、より多くのコストを要することです。また、遺言の存否を知られてしまう点も、注意点の１つに挙げられます。

公証人にお願いするにあたって大切なこと

公正証書遺言は、公証役場の**「公証人《こうしょうにん》」**が作成します。

公証人とは「当事者その他の関係人の嘱託《しょくたく》に応じ、民事に関する公正証書を作成し、私署証書の認証を与える権限を有する公務員」のことです。

公務員といえば、国から給与などの支払いを受けているように思えますが、法律に定められた手数料制（国からの給与や補助金はもらわずに依頼人からの手数料を収入とする）を採用し、特別の身分を持っています。

公証役場に電話すると、公証人が電話口に出て、親切丁寧に対応してくれるはずです。直接公証役場に出向いても問題はありません。**公証人は、遺言者の話をじっくり聞いて、希望に沿った公正証書遺言をつくってくれます。**

しかし、遺言の内容が不明確だったり、何も決めていない状態で、遺言書作成の相談に行くのは問題です。

最低でも、作成する遺言書の大略は遺言者自身で決めておく必要があります。詳細な点については公証人と相談しながら決めてもかまいませんが、主要な点は必ず事前に決めておいてください。遺言書を作成してくれるのは公証人ですが、遺言は被相続人の意思の実現であることを忘れてはいけません。

なお、公証人は遺言内容の実現には関知しません。どうすれば確実に遺言内容が実現できるかは、公証人が関わったり、提案したりする範囲ではないのです。

そういったことを考えると、本来は、遺言書の大略だけでなく、詳細な原案を作成しておくことが望ましいといえます。希望に沿った遺言の文例集などを参考にして、原案を実際に作成したり、弁護士などの法律専門家に相談するのがいいかもしれませんね。

言葉の不自由な人でも作成できる!

公正証書遺言は、2人以上の証人の立会いのもとで、遺言者の**「口授《くじゅ》」**に基づいて遺言の趣旨を了知《りょうち》し、作成されます。

口授とは、遺言者が公証人に、遺言の内容を直接口頭で伝えることです。公正証書遺言で口授が要求されているのは、遺言者の意思の真正さを担保するためで、口授のない公正証書遺言は方式を欠くという理由で無効にされてきました。

しかしその結果、口授できない人、つまり口がきけない人を排除する結果となったため、1999年の民法改正時、**口がきけない人は、通訳人の通訳か自書で口授に代えることができる**ようになりました。また、記載内容は、遺言者および証人に読み聞かせますが、確認方法は閲覧でもよく、通訳人の通訳によって遺言者に伝えることで、読み聞かせに代えることも可能です。よって、耳が聞こえない人でも公正証書遺言を利用できます。

公正証書遺言の記載内容に間違いのないことを承認したところで、最後に、公証人と遺言者および証人が各自署名・押印します。

なお、**病気などで遺言者が署名できないときは、公証人がその旨を付記して署名に代えることもできます。**公正証書遺言は、遺言者が自筆する必要がなく、自筆証書遺言や秘《ひ》密《みつ》証《しょう》書《しょ》遺《い》言《ごん》とは異なり、まったく字が書けない人でも遺言書を作成することが可能です。費用はかかりますが、公証役場に行くことができなくても、自宅や病院に出張してもらい、作成することも可能です。

難解度　★★★★☆

3 「公正証書遺言」の作成時に準備するものと注意点

事前と当日に必要となる書類をリサーチ

公正証書遺言を作成する際には、いくつか書類を準備しなくてはいけません。まず、遺言者が本人であるか否《いな》かを証明する書面として、**印鑑登録証明書が必要**となります。公正証書は検認不要でそのまま執行が認められるものですので、本人確認は慎重に行われます。

次に、公正証書遺言の正確を期する意味で、関係者の戸籍謄本や、不動産がある場合は登記簿謄本や登記事項証明書などを必ず用意する必要があります。また証人となる人の住所、氏名、生年月日、職業、遺言者との関係なども確認されますので、前もってメモしておきましょう。
公証人の手数料の算出のため、不動産についての評価証明書の提出や預貯金の概算金額なども求められる場合がありますので、これらも合わせて準備が必要です。

公証役場によっては必要ない書類もなかにはあるので、事前に必ず公証人に確認してからそろえるようにしてください。

《事前に準備が必要な書類など》
◎遺言者の印鑑登録証明書（3カ月以内のもの）
◎財産を受け取る人が相続人の場合は、遺言者との続柄がわかる戸籍謄本
◎財産を受け取る人がその他（受遺者《じゅいしゃ》など）の場合は、その者の住民票の写し
◎不動産がある場合は、その登記簿謄本や登記事項証明書および固定資産評価証明書など
◎預貯金などがある場合は、預金先・口座番号・種類・概算金額などを書いたメモ

◎証人2人の住所・氏名・生年月日・職業などを書いたメモ
◎遺言執行者を指定する場合は、その者の住民票の写し
◎遺言書の原案

《当日に必要なもの》
◎遺言者の実印・印鑑登録証明書（3カ月以内のもの）
◎証人2人（証人資格あり）の同行および印鑑（認印でもかまわない）
◎公証人の手数料
◎証人の日当

証人は必ず2人以上用意しなくてはいけない

公正証書遺言には、2人以上の**証人の立ち合いが必要**です。そこで、事前に証

公正証書遺言作成時における基本手数料

目的の価額	公証人の手数料
100万円以下	5,000円
100万円を超え200万円以下	7,000円
200万円を超え500万円以下	11,000円
500万円を超え1000万円以下	17,000円
1000万円を超え3000万円以下	23,000円
3000万円を超え5000万円以下	29,000円
5000万円を超え1億円以下	43,000円
1億円を超え3億円以下	43,000円に5,000万円までごとに13,000円を加算
3億円を超え10億円以下	95,000円に5,000万円までごとに11,000円を加算
10億円を超える場合	249,000円に5,000万円までごとに8,000円を加算

※公証人が、公正証書遺言などを作成した場合の手数料は、政府が定めた「公証人手数料令」という政令により決まっている

※手数料は、原則として、証書の正本などを交付するときに現金で支払うが、例外的に予納の場合もある

人をお願いする2人を決める必要があります。

ただし、誰もが無条件でなれるわけではありません。次の場合は証人欠格事由《けっかくじゆう》（民法第974条）となりますので、証人になることができません。

また、知人や親戚に証人を依頼すると、遺言の内容が、証人から相続人に漏れる危険性があります。無用なトラブルを避けるうえでも、証人は弁護士などの法律専門家に依頼した方が安心ですね。弁護士などには守秘義務がありますので、遺言の内容が他に漏れることはありません。事実上遺言の内容の秘匿《ひとく》も可能となります。

《証人にはなれない人》

◎未成年者

◎推定相続人、受遺者

◎推定相続人の配偶者、受遺者の配偶者、直系血族

◎公証人の配偶者、4親等内の親族、書記、従業員

公正証書遺言の保管はどうする？

公正証書遺言は、原本・正本・謄本の3部が作成されます。原本は公証役場で保管されますが、公正証書遺言の正本と謄本は遺言者本人に手渡されますので、謄本は遺言者が貸金庫など見つかりにくい場所に保管し、正本は遺言執行をお願いした弁護士などに預けておくのが、確実な方法の1つです。

遺言者の生存中は、公証人の守秘義務との関係で、**推定相続人に公正証書遺言の原本の閲覧、謄本交付請求は認められていません。**

ただし、遺言者の死後であれば、閲覧・謄本の交付を請求できます。つまり、たとえ遺言書が紛失しても、謄本の交付が可能になるのです。

相続人に公正証書遺言を作成していることを伝えておけば、紛失時に備えることができます。つくったこと自体を秘密にする必要がなければ、相続人に、公正証書遺言の情報（作成した公証役場、作成年月日、公正証書の番号など）を伝えておくのも、1つの方法です。

どこで作成したのかがわからなくなったら?

なお、以前は、作成したことはわかっていても、どこの公証役場で作成したのか不明の場合には、公正証書遺言の存在を確認することはほとんど不可能でしたが、1989年1月から実施された遺言検索制度により、**現在は確認ができるようになっています。**

この制度は、公証人が公正証書遺言を作成したときや秘密証書遺言の方式に関する取り扱いをしたときには、日本公証人連合会本部のコンピューターに登録する、というもので、遺言者の死亡後に、一定の要件のもとに遺言書の存否と遺言書の内容を教示するものです。

手続きとしては、相続人などの利害関係人が必要書類をそろえて、最寄りの公証役場で公正証書遺言の存否を確認します。公正証書遺言が作成されている場合には、作成年月日や作成した公証人が判明し、その原本は、作成した公証役場で保管されているので、当該公証役場にて謄本を入手することになります。

【公正証書遺言】の作成の流れ

①遺言書の内容を決定

↓

②文例を参考にして、下書きを作成

↓

③公証役場に連絡する

↓

④証人の依頼

↓

⑤書類の確認・準備

↓

⑥公正証書遺言の作成日時を予約する

↓

⑦不足している書類の取り寄せ

↓

⑧公証役場に出向き、遺言を作成する

↓

⑨公正証書遺言の保管

【公正証書遺言】の作成における注意点

①遺言書の内容を決定

◎「誰に」「何を」「どれだけ残すか」、遺言の内容を決める。

②文例を参考にして、下書きを作成

◎公正証書遺言は公証人に作成してもらう方法。自筆証書遺言のように自筆する必要はなく、公証人に内容を伝えることで作成できる。

◎公証人に伝える際に間違いがないように、遺言の原案(下書き)を作成する。もちろん原案はワープロやパソコンで作成しても問題はない。

◎なお、原案は弁護士などの法律専門家に相談する方がよい。

③公証役場に連絡する

◎公正証書遺言の原案(下書き)の文章を作成したら、公証役場に電話し、遺言作成をしたい旨を伝える。

◎公証人にファックスで原案を送信し、事前に原案を確認してもらう。また、事前に必要な書類および当日に必要な書類を確認する。

◎やり取りのうえで、最終的な原案が固まったら公証役場に出向き、公証人が書いた文面を確認するという手順を取れば、何度も足を運ぶ必要はなくなる。もちろんファックス送信でなくとも、直接公証役場に赴き相談に乗ってもらうことも可能!

④証人の依頼

◎公正証書遺言には、証人2人の立ち合いが必要。事前にお願いする証人2人を決める必要がある。ただし、未成年や相続人など証人になれない人もいるので、依頼の際は注意！

◎遺言の内容を秘密にしたい場合は、弁護士などの法律専門家に依頼する方がよい。弁護士には守秘義務があるので、内容が漏れる心配はない。

⑤書類の確認・準備

◎必要な書類については、必ず公証役場で確認！

◎準備したうえで、事前に必要と言われた書面(たとえば、公証人の手数料を算出するための資料である固定資産評価証明書や、戸籍謄本などは事前に求められる場合がある)を、公証人に持参するか、ファックスで送る。

⑥公正証書遺言の作成日時を予約する

◎公証人とやり取りのうえ、原案が固まったら、公証人と公正証書遺言の作成日時を調整する。その際に、当日持参する必要書類を確認！

◎また、資産の内訳を説明し、遺言作成費用(公証人の手数料)の概算を計算してもらう。

◎なお、公証人が公正証書遺言を作成するために必要な作成費用は法令で決まっている。

⑦不足している書類の取り寄せ

◎不足している必要書類を準備する。⑤同様に必要な書類については必ず公証役場で確認！

⑧公証役場に出向き、遺言を作成する

◎当日公証役場に、証人２人とともに出向く。２人の証人の立会いのもとで、遺言者が遺言内容（遺言の原案）を口授することで、公証人が遺言の趣旨を了知し、そのうえで作成する。

◎口がきけない人は、口授を、通訳人の通訳か自書に代えることが可能。公正証書遺言は、近年ほとんどパソコンなどの印刷により仕上げられている。

◎次に、公証人が公正証書遺言の記載内容を、遺言者および証人に読み聞かせによって伝え、内容を確認。耳が聞こえない人は、読み聞かせに代わって閲覧か通訳人の通訳で行うことができる。

◎遺言者および証人が当該遺言の内容で間違いのないことを承認したところで、各自が署名・押印。遺言者が病気などで、署名できないときは、公証人がその旨を付記して署名に代えることも可能。

◎最後に公証人が方式に従って作成された旨を付記して、署名・押印し、完成！

◎公証役場で作成するのが原則だが、病気やけがなどで赴くことのできない場合は、公証人が自宅や病院に出張してくれる。

※ただし、日当や交通費などが別途必要！

⑨公正証書遺言の保管

◎公正証書遺言は原本と正本と謄本の３部が作成される。そのうち、原本は公証役場で保管され、正本と謄本は遺言者本人に渡される。

◎遺言書の保管は、一般的には遺言者自身が保管する場合が多いようだが、遺言書の紛失が心配な人は弁護士などに保管を依頼する方がよい。

◎また、遺言執行者を指定した場合には、正本はその者に預けておくのが一般的。

公正証書遺言の作成の流れは、公証役場や公証人によって異なる場合があるので、相談時に詳しい流れを確認しておこう！

事前に必要な書類等

◎遺言者の印鑑登録証明書（3カ月以内のもの）
◎財産を受け取る人が相続人の場合は、遺言者と続柄がわかる戸籍謄本
◎財産を受け取る人がその他（受遺者など）の場合は、その者の住民票の写し
◎不動産がある場合は、その登記簿謄本や登記事項証明書、および固定資産評価証明書など
◎預貯金などがある場合は、預金先・口座番号・種類・概算金額などを書いたメモ
◎証人2人の住所・氏名・生年月日・職業などを書いたメモ
◎遺言執行者を指定する場合は、その者の住民票の写し
◎遺言書の原案

当日に必要なもの

◎遺言者の実印・印鑑登録証明書（3カ月以内のもの）
◎証人2人（証人資格あり）の同行および印鑑（認印でもかまわない）
◎公証人の手数料
◎証人の日当

証人にはなれない人

◎未成年者
◎推定相続人、受遺者
◎推定相続人の配偶者、受遺者の配偶者、直系血族
◎公証人の配偶者、4親等内の親族、書記、従業員

難解度　★★★☆☆

4 「遺言執行者」には、どんな権限や義務があるの？

相続の手続きをスムーズに行うキーマン

遺言はその内容が実現されなければ意味がありません。**「遺《い》言《ごん》執《しっ》行《こう》者《しゃ》」とは遺言者の遺言どおりに実現してくれる人**のことです。

遺言には、相続人以外への遺贈など、財産処分に関する遺言者の意思が書かれている場合があります。指定された人たちはその意思に従うわけですが、たとえば、遺言者の一方的な遺言によって財産が特定の受遺者の手に渡る遺贈の場合など、その保管や引き渡し、登記といった遺言を執行するための様々な手続きが発生します。

そういった手続きを行うのが遺言執行者です。もちろん相続人が行うこともできますが、相続人の廃除の申し立てや、認知の届出など遺言執行者にしかできないこともありますので、その場合は、結局家庭裁判所で選任する必要があります。

ここで、遺言執行者を指定することで、遺言者ならびに相続人にとって、どんなメリットがあるのかをざっくり説明しておきましょう。

《遺言者にとって》

相続に関する手続きについては遺言執行者が**単独で行う権限がありますので**、他の相続人が勝手に財産を処分したり、手続きを妨害したりするような行為を防ぐことができ、遺言の内容を確実に実行できます。

《相続人などにとって》

遺言執行者は相続人全員の代理人とみなされ、**代表として手続きをするので、大幅に手間が省略され、迅速に処理することができます。**

不動産の遺贈などの場合は、遺言執行者が登記義務者である相続人の代理人となるので、スムーズに移転登記ができます。

弁護士などの専門家に依頼する方が無難！

遺言執行者は「すべての相続人の代理人であり、遺言を滞《とどこお》りなく執行する」ことが仕事です。つまり、遺言の内容のとおりに実行されるかどうかは、遺言執行者次第ということになります。

誰にも相談せずに遺言書を作成した場合、ほとんどのケースで遺言執行者は相続人の1人を指定することが多いようです。

もちろん相続人が遺言執行者になることはできます。ただし、執行者の業務は財産目録の作成や報告義務など煩雑《はんざつ》なことが多く、忙しい相続人にとっては負担になる場合もあります。遺言執行者に指定された相続人は遺言によって優遇されていることが多いため、遺言内容に不満を感じている共同相続人から遺言執行の妨害を受ける可能性もあります。

「遺言執行者」とは何をする人なの？

どんな人が「遺言執行者」になれる？

基本的には、誰でもなることは可能。
ただし、以下に該当する人はなれない！

◎未成年者
◎成年被後見人（後見開始の決定を受けた人）
◎破産者（破産手続き開始の決定を受けた人）

どんな義務を遂行することになるの？

◎相続財産リスト（財産目録も）を作成して、相続人や受遺者に提出する

◎遺言で被相続人が子供の認知をした場合、市区町村役場に認知届を出す

※遺言執行者になってから10日以内

◎遺言に従って、受遺者に財産を引き渡す

◎遺言で相続人を相続廃除する旨があった場合、家庭裁判所に相続廃除の申し立てをする

◎受遺者に対して、被相続人からの遺贈を受けるか否かを確認する

「遺言執行者」は、相続財産の管理や遺言の執行に必要なすべての行為を行う権利と義務を持つ！

また、遺言執行者は単独で手続きを行える権限を持ちますので、他の相続人に対して相続分を渡さなかったり、業務を放置する可能性もあります。結果として、遺言の執行が円滑に進まない事態も起こりかねません。

弁護士などの法律専門家に依頼した場合は、利害関係のない第三者が手続きを進めることになりますので、一部の相続人に負担をかけることなく、手続きをスムーズに進めることが可能です。

遺言内容が複雑な場合、不公平な分割割合を考えている場合、遺贈がある場合など、相続人間でトラブルが生じそうな遺言書を作成する場合は、遺言執行者は専門家にお願いしましょう。

気になる! 遺言執行の費用と遺言執行者の報酬

弁護士などの法律専門家に依頼した場合は、遺言執行報酬《ほうしゅう》がかかります。

遺言執行のための費用は、相続財産から支払われます。

具体的な費用としては、

◎遺言書の検認費用
◎相続財産の目録調整費用
◎相続財産の管理費用
◎遺言執行者や職務代表者への報酬

などが挙げられます。遺言執行者の報酬は、遺言で遺言者と遺言執行者間で定めておくことができます。定めがない場合には、相続開始後に相続人間と遺言執行者で協議するか、家庭裁判所で定めてもらうことになりますが、事前に取り決めて遺言書に示しておいた方がよいでしょう。

以上のように、**遺言執行者は必ず指定する必要はありません**が、遺言どおり財産処分をしてもらいたい場合は、事前に法律に詳しい信頼のおける人に依頼しておくと安心です。遺言作成を依頼した弁護士が遺言執行者に指定されることもよくあります。

難解度　★★★★☆

5 ここまでやれば、遺言の実現度がグンとアップする

「予備的遺言」「付言事項」を効果的に活用！

遺言は故人の意思を表明するものですが、だからといって、何でも自由にできるわけではありません。

ここでは、遺言書の作成時、どのような決まり事に従わなければならないのか、どのような表現がふさわしいのか、といった点を掘り下げて見ていきましょう。

苦心して作成した遺言書ですから、**できるだけ実現される内容にしたいものです。**

①法的に有効なのは法定遺言事項のみ

遺言書に書いたことのうち、法律上の効力を持つのは、次の遺言事項（法定遺言事項）に限られます。つまり、遺言書に法定遺言事項以外の事項を書いたとしても一般には無効であり、法的効力は生じません。

《法定遺言事項》

◎子供の認知　◎未成年後見人・未成年後見監督人の指定
◎相続人の廃除・廃除の取り消し　◎相続分の指定または指定の委託《いたく》
◎遺産分割方法の指定または指定の委託　◎遺産分割の禁止
◎特別受益《とくべつじゆえき》の持ち戻しの免除　◎相続人相互の担保責任の指定
◎遺留分侵害額請求《いりゅうぶんしんがいがくせいきゅう》方法の指定　◎遺贈　◎寄付行為
◎遺言執行者の指定または指定の委託その他　◎祭祀主宰者の指定

②「共同遺言《きょうどうゆいごん》」の禁止

2人以上の人が同一の証書を用いて遺言することを「共同遺言」といいますが、共同遺言は民法第975条によって禁止されています。

その理由としては、

◎各遺言者の意思が相互に制約され、遺言自由の確保が困難であること
◎遺言者の一方が死亡した場合に、他方がもはや遺言を撤回できなくなるため遺言撤回の自由を妨げること
◎遺言の効力発生時期につき、問題が生じること

こうした点が挙げられます。つまり、**2人で遺言書を書くことで、遺言の解釈が複雑になってしまうために禁止されている**のです。波平とフネのように仲の良い夫婦であっても共同で遺言をすることはできません。

③「相続させる」の文言を使う

遺言では「遺贈する」よりも「相続させる」旨の文言の方が有利になります。理由として、登記手続きに関する相続の場合は、登記手続きが単独でできる、遺産が農地の場合にも所有権移転に知事の許可が不要である、などが挙げられます。

特定の遺産について「相続させる」遺言があれば、遺言者が死亡した時点で相続人は遺産分割協議を行わずに遺産を取得することができます。その結果、不動産の所有権移転登記手続きをする際に、不動産を相続する人が単独で申請することができ、他の法定相続人の協力が不要です。ただし、特定の遺産ではなく、抽象的な割合について「相続させる」旨の遺言があった場合には、遺産分割協議が必要になってきます。

遺言執行者がいる場合でも「相続させる」遺言であれば、不動産を相続する人が単独で申請できます。農地の相続では「遺贈する」遺言であれば所有権移転登記に知事などの許可が必要であるのに対し、「相続させる」遺言であれば許可は不要です。

もっとも「相続させる」旨の遺言ができるのは、あくまで法定相続人に対してのみです。

遺贈は相手が相続人である必要性がないのに対し、遺産分割方法の指定・相続分の指定は共同相続人間での遺産分割を前提としているので、相手は相続人に限られます。

相続人に財産を残すのであれば「相続させる」、相続人でない人（受遺者）に残すのであれば「遺贈する」と文言を使い分けるようにしてください。

④「予備的遺言《よびてきゆいごん》」も視野に入れておく

遺言書に記載した相続人や受遺者が、遺言者より先に死亡する場合も考えられます。その場合、遺言のうちの相続人や受遺者に予定していた効果については無効となります。

たとえば、お世話になった甥《おい》の家族に財産を残してあげたいと考え、

「……預貯金は、すべて甥○○に遺贈する」

といった内容の遺言書を作成したとしましょう。

その後、甥が遺言者より先に死亡してしまったとしても、その預貯金は当然に甥の家族（配偶者や子）が受け取れるわけではありません。受遺者が死亡している場合は、その財産については法定相続人で分割することになります。

もし、甥の家族に財産を残してあげたいと考えているのであれば、「……預貯金は、すべて甥○○に遺贈する。ただし、万が一、甥○○が遺言者の相続開始時において、すでに亡くなっていた場合には、甥の妻△△に遺贈する」といったただし書を付言します。これを**「予備的遺言」**といいます。

もちろん、甥が亡くなった時点で遺言書を書き直せばよいのですが、そのとき遺言者が遺言能力のない状況になっていた場合は、書き直すことができません。また、大切な人が亡くなった場合に、遺言書を書き直そう、などという発想がなかなか出てこないこともあります。

このような事態を想定して、**前もって次に相続させる、もしくは遺贈する相手を決めておくことができます。**予備的遺言を残すことで、相続人や受遺者が遺言者よりも先に亡くなっていた場合や受け取りを拒否した場合でも、新たに遺言書を作成し直す必要がなくなります。

⑤遺留分に配慮した内容にする

財産を残したくない相続人に対しても、少なくとも遺留分を侵害しないような遺言書をつくるべきでしょう。そのためには、あらかじめ相続人の遺留分を算出し、確認しておく必要があります。

遺留分を侵害する相続分の指定を行うと、あとあと相続人間で争いが生じることにもなりかねません。それでも相続人に自分の意思をどうしても理解してもらいたい場合には、遺留分の事前放棄をお願いしておきます。相続前に推定相続人が相続放棄することはできませんが、遺留分の放棄は可能です。ただし、遺留分放棄には、家庭裁判所の許可が必要になってきます。

以前に特別受益（※結婚に際して多額の持参金をもらった、事業を興《おこ》すのに資本金を出してもらった、などの生前贈与）を与えた相続人に対しては、持ち戻し計算によって得た具体的相続分で相続分が計算されます。

特別受益を与えた相続人に対しては、遺言で少ない相続分を指定しても、遺留分を侵害しない場合があります。**遺言書に特別受益の具体的な内容および金額まで記載しておくとわかりやすい**でしょう。

⑥「付言事項《ふげんじこう》」を利用する

遺言事項以外の記載は、遺言上の処分として法的な効果を持つものではありませんが、遺言書には何を書いてもかまいません。遺言の動機、心情、財産配分の理由、相続人などに対する希望や感謝の言葉などを**「付言事項」**として遺言書に書くこともできます。

たとえば、子供たちの仲があまりよくないので、遺言書に「兄弟仲良くするように」と書いた場合、残念ながら法律上拘束力《こうそくりょく》はありませんので、守るかどうかは相続人次第になります。しかし、**遺言という〝最後のメッセージ〟に家族への想いを綴《つづ》ることで、被相続人の気持ちが相続人に強く伝わる**ことでしょう。

また、理由があって不公平な配分をする場合や生前に伝えられなかった感謝の言葉を付言事項として残すことは、遺言の円滑な実現を図るうえで、重要な意味を持つと考えられます。反面、場合によっては、紛争《ふんそう》のもとになることもありますが……。

生前贈与などについての客観的な事実に反する記載や、一部の相続人に対するいたずらな非難の言葉は避けるのが賢明です。

難解度 ★★★★☆

6 「撤回」&「変更」をしたい場合は、必ずルールに従って行う！

5つの方式から逸脱すると無効になることも……

遺言書を書いたあとに気が変わったり、誤りに気づいたりして、遺言自体を撤回したり、変更したくなるということはよくあることです。

じつは遺言書作成後でも、遺言の撤回・変更は遺言者の自由な意思で行うことができます。

遺言の撤回・変更については、次ページのように5つの方式が認められています。

《撤回・変更の方法》

①遺言の方式による取り消しで、新しい遺言で前の遺言を撤回する方式

②前後の遺言の内容が抵触《ていしょく》するときは、その抵触する部分については後の遺言で前の遺言を取り消したものとみなす方式

③遺言の内容と遺言作成後の生前処分その他の法律行為が抵触する場合は、その遺言は撤回したものとみなす方法

（※抵触する部分についてのみ取り消されただけで、前の遺言のすべてが取り消されるわけではない）

④遺言者自《みずか》ら遺言書の全部または一部を破棄したときは、破棄された部分は撤回されたものとみなす方法

（※公正証書遺言は、公証役場が遺言書の原本を保管しているので、破棄しただけでは撤回にならない）

⑤遺言者自らが相続の目的物を破棄したときは、その部分が撤回されたとみなす方法

前後2通の遺言で、異なる事柄について処分している場合は、作成時期の異なる数通の遺言であっても、どの遺言も効力があることになります。自筆証書・公正証書・秘密証書などの方式の違いによる効力の優劣はありません。

1年に1度くらいは「見直し日」を設けよう

間違いや変更した部分が、誤字脱字や数量などの場合は、遺言自体を撤回・変更しなくても訂正によって変更することができます。

ただし、この訂正は自筆証書遺言のみに限られます。

訂正には厳密なルールがあり、そのルールに従って訂正を行わないと訂正が無効になる場合がありますので注意しましょう。

重要な部分の訂正や、訂正部分が多い場合は、面倒でも遺言の撤回・変更を行った方がトラブルが生じるリスクも低いはずです。

遺言書を作成したあとに、さまざまな理由によって自分の考えがガラリと変わることもあります。また、相続人が変更される場合もあるでしょう。にもかかわらず、一度遺言書を作成すると安心してしまう人が多いようです。

状況は常に変わるもの。遺言書の内容も同様です。一度作成したからといって満足するのではなく、1年に1度くらいはその内容をしっかり見直して、変更すべきところは正しい手順を踏まえて変更していくようにしましょう。

第３条　遺言者は、遺言者の有する次の財産を、長女○○○○（生年月日）に相続させる。

１　**預貯金**

金融機関　株式会社○○銀行○○○支店
種　類　普通預金
口座番号　○○○○○
名義人　遺言者

２　**株　式**

１　**○○株式会社**　○○株

第４条　遺言者は、遺留分侵害額請求は、まず妻○○○○に相続させる財産からすべきものと定める。

第５条　遺言者は、遺言者の死亡以前に妻○○○○が死亡したときは、第１条により妻に相続させる財産のうち、不動産は、長男○○○○に相続させ、預貯金は、長女○○○○に相続させる。

第６条　遺言者は、祭祀主宰者として、長男○○○○を指定する。

第７条　遺言者は、本遺言の遺言執行者として、次の者を指定する。

本　籍　東京都○○区○○……
職　業　○○○
氏　名　○○○○
生年月日　○○年○○月○○日

私は永年にわたって苦楽を共にし、私に尽くしてくれた妻○○○○に感謝しています。愛情をこめて育てた大切な子供たち２人も、それぞれが独立し、幸せな家庭を築き、安心している次第です。今後も兄妹力を合わせ、母さんを大切にしてあげてください。最後に、素晴らしい妻、子供、孫たちに恵まれたことに心から感謝します。ありがとう。

令和○○年○○月○○日
住 所 東京都○○区○○……
氏 名 ○○○○○　　　㊞

一般的な遺言書（相続人が配偶者、子供2人の場合）のサンプル例

遺言書

第1条　遺言者は、遺言者の有する次の財産を、妻○○○○（生年月日）に相続させる。

1　不動産

①　土　地

所　在　東京都○○区○○町○丁目
地　番　○○番○
地　目　宅地
地　積　150平方メートル

②　建　物

所　在　東京都○○区○○町○丁目
家屋番号　○○番○
種　類　居宅
構　造　鉄筋コンクリート造瓦葺2階建
床面積　1階100平方メートル、2階95平方メートル

2　預貯金

金融機関　株式会社○○銀行○○○支店
種　類　普通預金
口座番号　○○○○○
名義人　遺言者

第2条　遺言者は、遺言者の有する次の財産を、長男○○○○（生年月日）に相続させる。

1　預貯金

金融機関　株式会社○○銀行○○○支店
種　類　普通預金
口座番号　○○○○○
名義人　遺言者

2　本遺言第1条および第3条に記載する財産を除く遺言者の有する一切の財産

相続に関する法律 約40年ぶりの改正ポイント

相続法は、昭和55年（1980年）の改正以降、大きな改正はありませんでした。相続法が改正されていない不都合はありましたが、実務の柔軟な対応により解決してきた経緯があります。

もともと法改正は会社法などの一部の法律を除いてそこまで頻繁には行われません。特に相続法は民法という基幹法の改正になるために、改正自体がまれです。

相続税法の大改正は平成25年（2013年）にありましたが、相続法はそれに遅れること５年で改正されたことになります。

約40年ぶりとなる平成30年（2018年）7月に改正された相続法ですが、**高齢化社会に対応した内容**になっています。たとえば、**残された配偶者が安定した生活を送るために、配偶者居住権や自筆証書による遺言書の保管制度など新たな制度が設けられました。**

以下に主な改正ポイントを紹介します。

(1)「配偶者居住権」の創設

遺産分割の結果、居住用不動産の価値が高かったために換価分割を余儀なくされ、残された配偶者が長年住んで思い出が詰まった家を出て、引っ越しを余儀なくされるということが少なくありませんでした。そんなことがないように、**配偶者が相続開始時に被相続人が所有する建物に住んでいた場合に、終身または一定期間、その建物を無償で使用することができる配偶者居住権が創設**されました。

建物についての権利を「負担付き所有権」と「配偶者居住権」に分け、遺産分割で配偶者が「配偶者居住権」を取得し、配偶者以外の相続人が「負担付き所有権」を取得するパターンを認めるようにしました。従来は所有権を誰が相続するかという0か100かという結論だったのですが、配偶者居住権を導入することで残された配偶者が所有権を持たずに居住し続ける権利を持つことができます。

配偶者居住権を取得することにより自宅に住み続けることはできますが、完全な所有権とは異なり、人に売ったり、自由に貸したりすることはできません。ただしその分、配偶者が取得する権利の評価額を低く抑えることができます。このため、**配偶者は住んでいた自宅に住み続けながら、預貯金などの他の財産もより多く取得でき、配偶者のその後の生活の安定を図ることができます。**

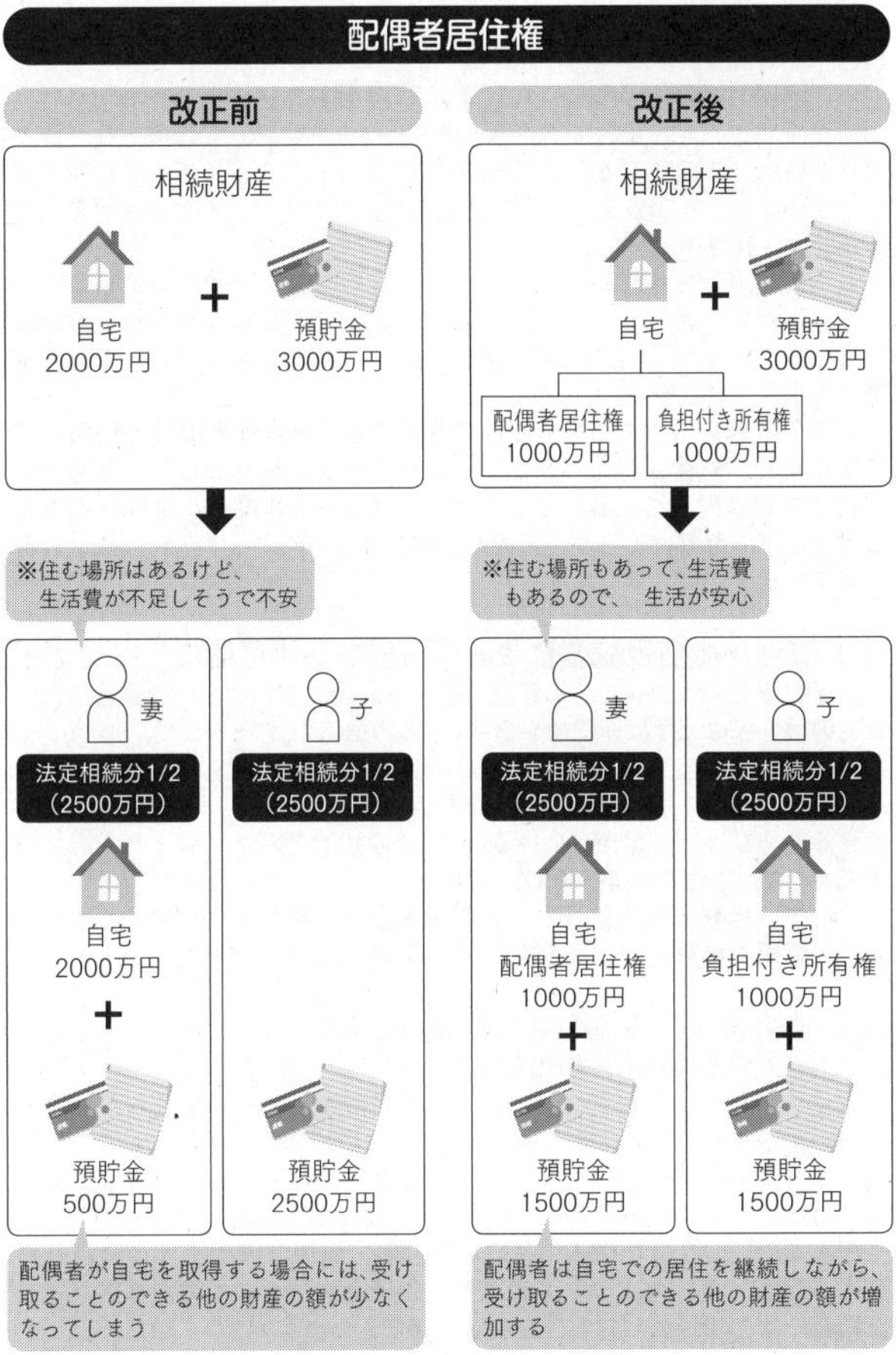
配偶者居住権
改正前
相続財産
自宅
2000万円
預貯金
3000万円
※住む場所はあるけど、
生活費が不足しそうで不安
妻
法定相続分1/2
(2500万円)
自宅
2000万円
預貯金
500万円
子
法定相続分1/2
(2500万円)
預貯金
2500万円
配偶者が自宅を取得する場合には、受け取ることのできる他の財産の額が少なくなってしまう
改正後
相続財産
自宅
預貯金
3000万円
配偶者居住権
1000万円
負担付き所有権
1000万円
※住む場所もあって、生活費
もあるので、生活が安心
妻
法定相続分1/2
(2500万円)
自宅
配偶者居住権
1000万円
預貯金
1500万円
子
法定相続分1/2
(2500万円)
自宅
負担付き所有権
1000万円
預貯金
1500万円
配偶者は自宅での居住を継続しながら、受け取ることのできる他の財産の額が増加する

(2) 自筆証書遺言に添付する財産目録の作成がパソコンで可能に

自筆証書遺言は、添付する目録も含め、全文を自書して作成する必要がありました。高齢者の方はペンを持つ手が震え、目が悪くて小さな字を書きづらいにもかかわらず、長文の遺言をすべて自筆で書くことを要求することは大きな負担でした。

公正証書遺言の作成がすすめられる理由の1つは、自筆証書遺言作成のハードルが高すぎるということもありました。ただし費用がかかる点や事前打ち合わせが必須である点、第三者に関与させる点など、公正証書遺言にも難点があります。

自宅で気軽にいつでも自分だけで作成できる自筆証書遺言の利用を促進するため、財産目録のパソコンでの作成が認められました。遺言書に添付する相続財産の目録については、パソコンで作成した目録や通帳のコピーなど、自書によらない書面を添付することによって自筆証書遺言を作成できます。

(3) 法務局で自筆証書による遺言書が保管可能に

財産目録のパソコンによる作成が認められたことにより、自筆証書による遺書はさらに簡便に作成できるものになりました。

もっとも自筆証書による遺言書は自宅で保管されることが多く、紛失したり、捨てられてしまったり、書き換えられたりするおそれもあります。自分に不利な内容が書かれている遺言を発見した相続人によって、遺言が破棄されてしまうことは多々あります。

そこで、**相続紛争を防止し、自筆証書遺言をより利用しやすくするため、法務局で自筆証書による遺言書を保管する制度が創設**されました。

(4) 被相続人の介護や看病に貢献した親族は金銭請求が可能に

相続人ではない親族(たとえば子の配偶者など)が被相続人の介護や看病をするケースがあります。典型的には長男の嫁が長男に代わって長男の母の介護をするケースです。もともと相続人のみに認められる寄与分は、相続人ではない長男の嫁には認められませんでした。

相続法改正により**相続人ではない親族も、無償で被相続人の介護や看病に貢献し、被相続人の財産の維持または増加について特別の寄与をした場合には、相続人に対し、金銭請求ができる**ようになりました。

そのほかの改正点

❶配偶者短期居住権

配偶者短期居住権は、**配偶者が相続開始時に被相続人が所有する建物に居住していた場合に、遺産の分割がされるまでの一定期間、その建物に無償で住み続けることができる権利**です。

従来の実務でも、同様の状況で、無償で使用させる合意があったとみなすことで、配偶者が被相続人が所有する建物に、遺産分割が終了するまでの合理的期間、居住し続けることを正当化していました。

配偶者短期居住権は、被相続人の意思などに関係なく、相続開始時から発生し、原則として、遺産分割により自宅を誰が相続するかが確定した日（その日が相続開始時から6カ月を経過する日より前に到来するときには、相続開始時から6カ月を経過する日）まで、配偶者はその建物に住むことができます。

被相続人の意思などに関係なく発生する点と、**最低6カ月**という期間が具体的に定められている点が特徴です。残された配偶者の権利保護を積極的に図るために、当事者の意思によってではなく法律により権利を発生させる点で、かなり踏み込んだ制度といえます。遺産分割協議が長期化してしまう傾向を踏まえての期間設定になっています。

また、自宅が遺言により第三者に遺贈された場合や、配偶者が相続放棄をした場合には、その建物の所有者が権利の消滅の申入れをした日から6カ月を経過する日まで、配偶者はその建物に住むことができます。この点は、**配偶者が突然に生活環境を失ってしまうことがないように、一定の猶予期間を与えたもの**です。単に配偶者の権利を保護するというよりも、配偶者の従来の生活実態の継続を保護しているものといえます。

❷自宅の生前贈与が特別受益の対象外になる方策

結婚期間が20年以上の夫婦間で、配偶者に対して自宅の遺贈または贈与がされた場合には、原則として、遺産分割における計算上、遺産の先渡し（特別受益）がされたものとして取り扱う必要がないこととしました。**遺贈や生前贈与は特別贈与として清算されますが、自宅については生活の本拠という点を重視して、清算の対象から外す**ということです。

婚姻期間が20年以上の夫婦間という条件は、居住用不動産や居住用不動産を取得するための資金の贈与が行われた場合、最高2,000万円まで配偶者控除できる贈与税の特例と同じものです。贈与税の特例を利用して自宅を生前贈与する夫婦は多く、法改正で恩恵を受ける対象者は多いと思われます。

改正前には、被相続人が生前、配偶者に対して自宅の贈与をした場合でも、その自宅は遺産の先渡しがされたものとして取り扱われ、配偶者が遺産分割において受け取ることができる財産の総額がその分減らされていました。自宅の贈与を受けた場合でも、遺産分割では贈与を受けなかった場合よりもより多くもらえるというわけではなかったのです。被相続人が、自分の死後に配偶者が生活に困らないようにとの趣旨で生前贈与をしても、原則として配偶者が受け取る財産の総額は、結果的に生前贈与をしないときと変わりませんでした。

今回の改正により、**自宅についての生前贈与を受けた場合には、配偶者は結果的により多くの相続財産を得て、生活を安定させることができる**ようになります。被相続人の意思としては、生活の本拠地としての自宅を生前贈与した場合に、金銭的価値がある相続財産として贈与したのではなく、生活保障をする意味で贈与したものと考えるということなのでしょう。

❸遺産の分割前に被相続人名義の預貯金が一部払戻し可能に

相続発生直後、相続人は何かとお金が必要になります。高齢者施設の施設費や病院の入院費用、葬儀費用の支払など、相続債務の弁済などでお金が必要になった場合、遺産分割終了時まで相続人は被相続人名義の預貯金の払い戻しができません。最高裁により遺産分割の対象であると判示されたことで、以前は可能であった各相続人単独での裁判手続きによる請求もできなくなりました。

もっとも遺産分割調停は1年以上かかってしまうことがほとんどで、その間、自己資金がない相続人は相続債務の弁済ができず、遅延損害金が発生してしまいます。

そこで、このような**相続人の資金需要に対応することができるよう、遺産分割前にも預貯金債権のうち一定額については、家庭裁判所の判断を経ずに金融機関で払戻しができる**ようにしました。

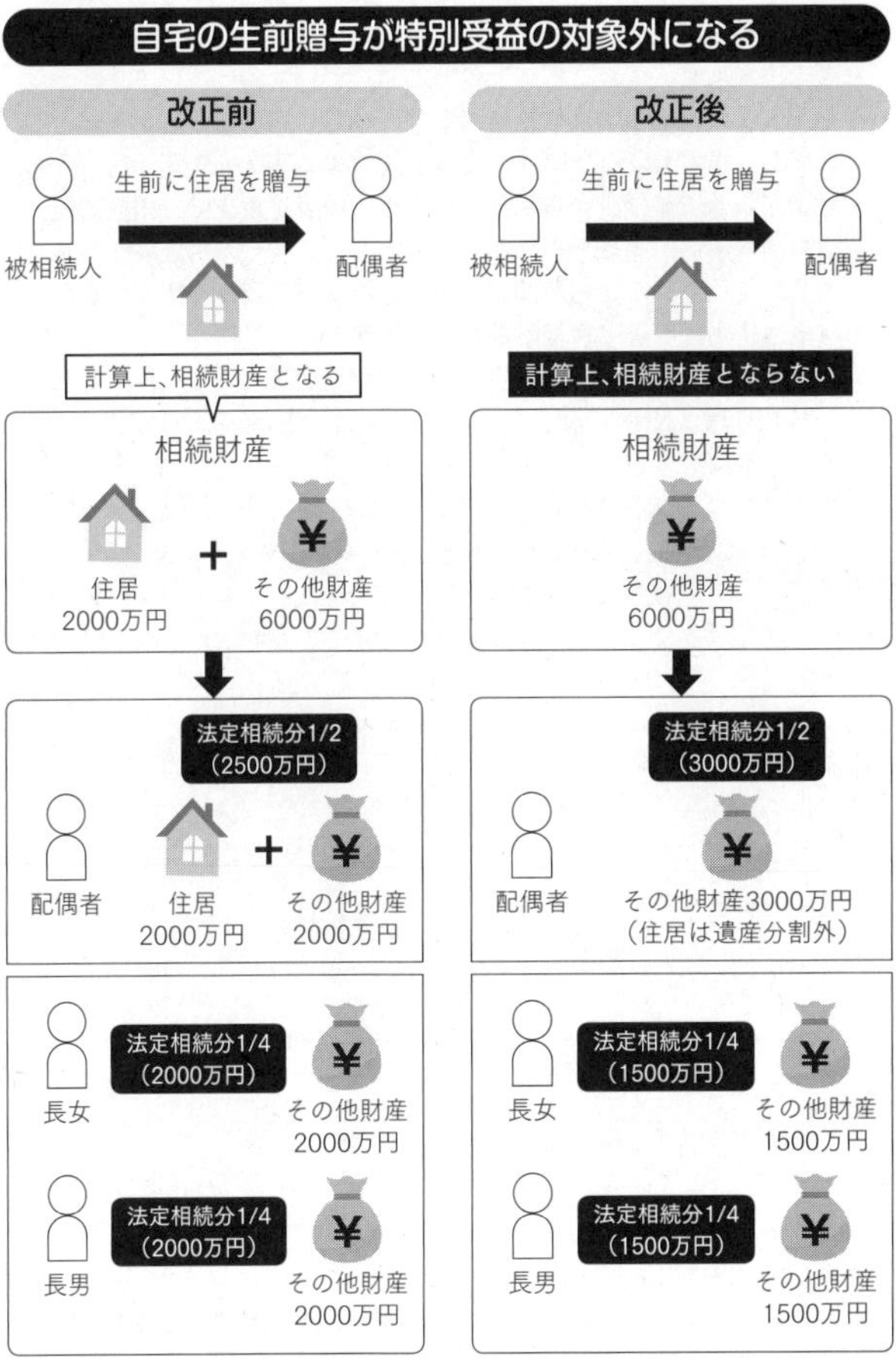
自宅の生前贈与が特別受益の対象外になる
改正前
被相続人
生前に住居を贈与
配偶者
計算上、相続財産となる
相続財産
住居
2000万円
その他財産
6000万円
法定相続分1/2
（2500万円）
配偶者
住居
2000万円
その他財産
2000万円
長女
法定相続分1/4
（2000万円）
その他財産
2000万円
長男
法定相続分1/4
（2000万円）
その他財産
2000万円
改正後
被相続人
生前に住居を贈与
配偶者
計算上、相続財産とならない
相続財産
その他財産
6000万円
法定相続分1/2
（3000万円）
配偶者
その他財産3000万円
（住居は遺産分割外）
長女
法定相続分1/4
（1500万円）
その他財産
1500万円
長男
法定相続分1/4
（1500万円）
その他財産
1500万円

著者紹介

長谷川 裕雅（はせがわ　ひろまさ）

弁護士・税理士。

早稲田大学政治経済学部政治学科卒業。朝日新聞社記者。ジャーナリストから弁護士に転身後、国会議事堂の隣に事務所を構える。

弁護士が扱う遺産分割から税理士が扱う相続税対策まで、相続問題を総合的に解決。相続分野の第一人者として、多くの相談者から絶大な信頼を得ている。相続問題でキーとなる不動産の専門家でもある（宅地建物取引士・賃貸不動産経営管理士）。

大学や大手金融機関、不動産会社などの講演会・セミナーに講師として多数登壇。NHK・朝日新聞・文藝春秋など各種メディアへの出演・連載執筆多数。

主な著書に『最新版 磯野家の相続税』『磯野家の相続リターンず』（以上、すばる舎）、『実例に学ぶ経営戦略 あの企業のお家騒動』（リベラル社）、『老後をリッチにする家じまい』（イースト・プレス）、『マンガできちんとわかる！遺産相続と手続き』（西東社）など多数。

東京永田町法律事務所

〒100-0014

東京都千代田区永田町2-9-8　パレ・ロワイヤル永田町706

https://www.nagatacho.com/

https://www.sozoku.com/（相続専門サイト）

本書は、2010年9月にすばる舎から刊行された『磯野家の相続』を改題し、大幅に加筆・修正したものです。

本書で解説している相続法に関する情報は、2020年8月末時点のものです。

PHP文庫

波平の遺産は、どうなる!?

磯野家の相続[令和版]

2020年10月15日　第1版第1刷

著者　長谷川裕雅
発行者　後藤淳一
発行所　株式会社PHP研究所
東京本部　〒135-8137 江東区豊洲5-6-52
PHP文庫出版部　☎03-3520-9617(編集)
普及部　☎03-3520-9630(販売)
京都本部　〒601-8411 京都市南区西九条北ノ内町11
PHP INTERFACE　https://www.php.co.jp/
組版　有限会社エヴリ・シンク
印刷所　株式会社光邦
製本所　東京美術紙工協業組合

ISBN978-4-569-76976-9

PHP文庫

相続仮面

竹内謙礼／青木寿幸 著

累計20万部突破シリーズの最新作！ 遺言状作成から生前贈与、相続税対策まで、知れば得する⁉ 異色の相続ノベル。幸せな遺産相続とは？